Psicodrama na cena
da psicopedagogia

intersaberes

SÉRIE PANORAMAS DA PSICOPEDAGOGIA

Psicodrama na cena da psicopedagogia

Sirley Machado Maciel

inter saberes

Rua Clara Vendramin, 58 . Mossunguê
CEP 81200-170 . Curitiba . PR . Brasil
Fone: (41) 2106-4170
www.intersaberes.com
editora@intersaberes.com

Conselho editorial
Dr. Alexandre Coutinho Pagliarini
Dr.ª Elena Godoy
Dr. Neri dos Santos
Dr. Ulf Gregor Baranow

Editora-chefe
Lindsay Azambuja

Gerente editorial
Ariadne Nunes Wenger

Assistente editorial
Daniela Viroli Pereira Pinto

Preparação de originais
Luiz Gustavo Micheletti Bazana

Edição de texto
Fábia Mariela de Biasi
Camila Rosa

Capa e projeto gráfico
Iná Trigo (*design*)
agsandrew/Shutterstock (imagem)

Diagramação
Rafael Ramos Zanellato

Equipe de *design*
Iná Trigo
Mayra Yoshizawa

Iconografia
T&G Serviços Editoriais
Regina Claudia Cruz Prestes

Dados Internacionais de Catalogação na Publicação (CIP)
(Câmara Brasileira do Livro, SP, Brasil)

Maciel, Sirley Machado
  Psicodrama na cena da psicopedagogia/Sirley Machado Maciel. Curitiba: InterSaberes, 2020. (Série Panoramas da Psicopedagogia)

  Bibliografia.
  ISBN 978-65-5517-545-5

  1. Psicodrama 2. Psicologia educacional 3. Psicopedagogia educacional 4. Terapia recreativa I. Título II. Série.

20-35143   CDD-370.15

Índices para catálogo sistemático:
1. Psicopedagogia   370.15

Maria Alice Ferreira – Bibliotecária – CRB-8/7964

1ª edição, 2020.

Foi feito o depósito legal.

Informamos que é de inteira responsabilidade da autora a emissão de conceitos.

Nenhuma parte desta publicação poderá ser reproduzida por qualquer meio ou forma sem a prévia autorização da Editora InterSaberes.

A violação dos direitos autorais é crime estabelecido na Lei n. 9.610/1998 e punido pelo art. 184 do Código Penal.

Sumário

Prefácio, 11
Apresentação, 15
Como aproveitar ao máximo este livro, 19

Capítulo 1   Psicodrama e psicopedagogia, 22
                  1.1 O que é psicodrama?, 23
                  1.2 Diferença entre psicodrama e psicodrama pedagógico e a relação com a psicopedagogia, 32
                  1.3 A criação do psicodrama, 35
                  1.4 Jacob Levy Moreno: biografia, 39
                  1.5 Fatores que influenciaram Moreno, 46
                  1.6 Início e expansão do psicodrama, 49

Capítulo 2   O teatro espontâneo de Moreno e outras modalidades paralelas, 62
                  2.1 O teatro espontâneo de Moreno, 63
                  2.2 Instrumentos do psicodrama, 72
                  2.3 Contextos psicodramáticos e pedagógicos do teatro espontâneo, 78
                  2.4 Teatro *playback*, 80
                  2.5 O teatro do oprimido de Augusto Boal, 85

Capítulo 3   Conceitos e práticas fundamentais do psicodrama e sua importância para a psicopedagogia, 102
                  3.1 Espontaneidade e criatividade, 103

3.2 Tele e transferência, 111
3.3 Papéis, 113
3.4 Realidade suplementar, 115
3.5 Socionomia, 117

Capítulo 4 Visão psicodramática do desenvolvimento humano, da formação da personalidade e da construção da aprendizagem, 128
4.1 Personalidade, 129
4.2 Matriz identidade, 132
4.3 *Clusters* ou cachos de papéis, 151
4.4 Relação entre ação, emoção e aprendizagem, 155
4.5 Psicodrama e psicopedagogia, 159

Capítulo 5 Aplicações do psicodrama em contextos individuais e grupais, 168
5.1 Entrevista e avaliação, 169
5.2 Técnicas de intervenção, 173
5.3 Técnicas individuais, 179
5.4 Técnicas grupais, 185
5.5 Participação dos pais, 188

Capítulo 6　Aplicações do psicodrama em organizações, instituições e comunidades, 198
6.1 Contexto organizacional e institucional, 199
6.2 Sociodrama e teatro espontâneo na escola, 202
6.3 Sociodrama em instituições, empresas e hospitais, 209
6.4 Teatro espontâneo em comunidades, movimentos sociais e terceiro setor, 211
6. Outras possibilidades de aplicação do psicodrama, 212

Considerações finais, 225
Referências, 227
Bibliografia comentada, 231
Respostas, 235
Sobre a autora, 237

A conclusão desta obra só foi possível com a participação e a contribuição de muitas pessoas. A todos os que me apoiaram e que, direta ou indiretamente, estiveram presentes na realização deste trabalho, meu agradecimento e minha gratidão.

Em especial, à professora Genoveva Ribas Claro, coordenadora do curso de Licenciatura em Psicopedagogia da Uninter, por nosso encontro moreniano, pela confiança e pela compreensão durante todos esses meses de trabalho.

À minha pequena família: Rui Valese, meu esposo, companheiro de 27 anos de vidas em comum, pela compreensão, pelo incentivo e pela força. E, principalmente, por assumir os cuidados com a casa, com nosso filho e com a empresa para que, nos últimos meses, minha dedicação fosse exclusiva a este projeto. A meu filho Gabriel Vinicius, pela compreensão, pela paciência e por, apesar de tão pequeno, ter respeitado o tempo e o momento da mamãe nesta empreitada. Gratidão, filhão!

A Aldo Silva Junior (*in memoriam*) e à Marisa Schmidt Silva, da Conttexto (Associação de Psicodrama do Paraná), meus mestres e exemplos de psicodramatista, os quais tenho como referência de profissionais e de seres humanos.

E a Deus, a fonte certeira e a energia concreta que permitiu a realização deste projeto. Que Deus continue iluminando a cada um de nós na busca de novos sonhos e desafios, fazendo com que nossas centelhas divinas sejam expressões de nossa espontaneidade e frutos de nossa criatividade.

Prefácio

Escrever sobre psicodrama é um ato intelectual e cognitivo, mas também terapêutico e pedagógico. É impossível, na escrita de um texto ou de uma obra sobre psicodrama, seja de cunho terapêutico, seja pedagógico, manter-se apenas no processo de trabalho intelectual, sem trabalhar as próprias conservas culturais, crenças e matrizes de identidade, e, ao mesmo tempo, esse processo todo não ser pedagógico.

Os temas abordados nesta obra, bem como o aprofundamento, o rigor e o carinho com a escrita, demonstram o grau de comprometimento da autora – a professora, mestre e psicodramatista Sirley Machado Maciel – com o psicodrama e a compreensão não somente da relevância, mas da grande e valiosa contribuição que ele pode dar nos processos educacionais, formais ou informais, tanto no desenvolvimento das práticas pedagógicas quanto no combate a uma cultura de intolerância e violência.

Os problemas relacionados ao ódio e à intolerância ao outro, ao diferente, estão presentes na história da humanidade desde muito tempo. No início do século XX, essas questões foram motivo de dois conflitos militares que devastaram Europa, Japão, Oriente Médio e Norte da África e, durante a Segunda Guerra Mundial, provocaram perseguição, prisão, morte e mutilação física, além dos traumas psicológicos de grupos humanos específicos, como judeus, afrodescendentes, ciganos, socialistas, comunistas, anarquistas, homossexuais, testemunhas de Jeová, sindicalistas e pessoas com deficiência física e mental de todas as nacionalidades. Entre o fim do século XX e o início do XXI, as dificuldades de relacionamento com o outro se agravaram. Diariamente, vemos manifestações de ódio e de intolerância em relação ao outro, ao diferente de si, contra quem não compartilha dos mesmos valores e crenças. De igual forma, observamos um aumento no número de pessoas que apresentam sintomas e problemas de depressão, considerada o mal do século XXI. Segundo a psicanalista Teresa Pinheiro, do Núcleo de Estudos em Psicanálise e Clínica da Contemporaneidade da UFRJ, que trata e pesquisa sobre o problema da depressão desde a década de 1980, cada época produz seus sintomas. De acordo com Pinheiro (2014), a depressão é um sintoma de dois problemas do fim do século XX e início do XXI: a perda de referências morais e institucionais externas, contra as quais, inclusive, era possível resistir, lutar; e a sociedade de consumo, que condiciona a felicidade ao ter e não ao ser.

No Brasil, neste início de século, há um aumento de ações violentas sendo cometidas no interior de nossas escolas por pessoas externas à instituição ou por alunos ou ex-alunos. Nas primeiras duas décadas do século XXI, já foram mais de dez casos, contabilizando algumas dezenas de vítimas. Em 2013, a Organização para a Cooperação e Desenvolvimento Econômico (OCDE) apontou o Brasil como o país com o maior índice de violência nas escolas e contra os professores (Tenente; Fajardo, 2017).

No entanto, diante desses sintomas do século XXI e do crescimento da violência no interior das escolas, o que observamos são propostas e medidas extremamente equivocadas no trato com os problemas.

Por outro lado, ao lermos esta obra, percebemos que há alternativas de tratamento e saída para ambos os males. Em particular, destaco os fundamentos filosóficos que a orientam, seja o psicodrama terapêutico, seja o pedagógico. Essas referências, em especial as do filósofo austríaco Martin Buber, que conheci ainda na década de 1980 por meio dos estudos da filosofia da libertação, mostram que não existe o eu sem a referência do tu (outro) e podem ser tomadas como diretrizes para um encontro feliz do eu consigo mesmo e com o outro. A coisificação do tu leva, necessariamente, à coisificação e à morte do eu. O psicodrama, porém, trabalha o resgate da criatividade e da espontaneidade, características fundamentais de todo ser humano, as quais perdemos à medida que nos adaptamos e nos submetemos à cultura em que estamos imersos.

A obra é imprescindível para quem quer entender o que é psicodrama, seus recursos e suas possibilidades. Não somente porque apresenta seus conceitos fundamentais, mas, principalmente, porque argumenta em favor do resgate da criatividade e da espontaneidade como estratégias para um novo encontro do eu consigo mesmo e com o outro.

Umuntu ngumuntu ngabantu (Uma pessoa é uma pessoa através de outras pessoas) é a filosofia que emerge da África por meio da filosofia ubuntu desde os tempos imemoriais (Luz, 2014). O projeto de ser humano e de sociedade fundamentado no individualismo e no consumismo precisa ser abandonado em benefício do próprio indivíduo, da sociedade e da humanidade como alternativa de desenvolvimento rumo à felicidade.

Professor Dr. Rui Valese

Apresentação

Minha história de vida e minha trajetória profissional passam por dois contextos: o da educação, no viés formal e informal; e o da comunicação, este sempre trabalhado como instrumento para a busca de uma educação libertária e que vise à autonomia dos envolvidos mediante a utilização de uma metodologia ativa, participativa, dinâmica e criativa, capaz de instrumentalizar a prática com métodos e técnicas representacionais que sustentassem uma teoria por meio de uma prática verdadeiramente dialética de prática-teoria-prática.

Nos trinta anos atuando na educação formal e informal, privilegiei formas alternativas de comunicação, como teatro popular, teatro de rua, teatro invisível, teatro *playback*, teatro nas empresas, teatro de fantoches (com meninos e meninas de rua), música, artes visuais, expressividade oral e corporal e técnicas do psicodrama e do sociodrama, entre outras.

Agora, recebi a missão de produzir este material, que objetiva apresentar o psicodrama, a história de vida de seu criador, sua fundamentação teórica sobre a compreensão do ser humano, seu desenvolvimento e sua constituição psicoemocional, seus conceitos fundamentais e as técnicas genuínas que compõem um conjunto de instrumentos que apoiam os trabalhos individuais e em grupos, tanto nos objetivos clínicos quanto nos socioeducacionais, nos de treinamento e de desenvolvimento em escolas, empresas, comunidades, instituições públicas e privadas e terceiro setor. Este trabalho deixou-me muito feliz, lisonjeada e consciente da grandeza da responsabilidade que estava diante de mim.

Esta obra constitui uma introdução a uma grande aventura rumo à dimensão das teorias e das práticas psicodramáticas de Jacob Levy Moreno. Desejamos que todos aqueles que estão envolvidos com a arte de cuidar, atender, ensinar, tratar e desenvolver seres humanos encontrem alternativas, sugestões e reflexões para transformar, potencializar, dinamizar ou incrementar suas práticas em seus diversos contextos.

No Capítulo 1, apresentaremos o conceito de psicodrama, diferenciando psicodrama de psicodrama pedagógico, e relacionaremos seus objetivos à psicopedagogia. Discutiremos quem foi o criador do psicodrama, seus objetivos e seu contexto histórico por meio da abordagem de seus dados biográficos e de como esses fatos contribuíram para a criação, a consolidação e a expansão do psicodrama.

No Capítulo 2, trataremos dos estágios de desenvolvimento segundo a teoria de Piaget e os sete níveis do processo evolutivo dos estudos. Com base nessas teorias, vamos refletir sobre o papel do teatro espontâneo em sua relação com o psicodrama e com as demais modalidades que podem contribuir para o desenvolvimento humano e cognitivo. Também destacaremos o teatro *playback* e o teatro invisível de Augusto Boal, que poderão ser utilizados e aplicados, contribuindo para o desenvolvimento humano e cognitivo.

No Capítulo 3, examinaremos as bases conceituais e práticas do psicodrama, a fim de apresentar os principais conceitos da teoria psicodramática: espontaneidade, criatividade, tele, transferência, papel desenvolvido e realidade suplementar, além de estudar a ciência da socionomia e da sociometria.

No Capítulo 4, analisaremos os conceitos de personalidade, desenvolvimento e aprendizagem emocional para o psicodrama. Trataremos de conceitos como matriz de identidade, *clusters* ou cachos de papéis e relação entre emoção e aprendizagem com o objetivo de compreender as relações entre o psicodrama e a psicopedagogia. Evidenciaremos, ainda, como o psicodrama e os mecanismos psicodramáticos podem contribuir para os aspectos pessoais, relacionais e emocionais diante das dificuldades de aprendizagem.

No Capítulo 5, demonstraremos a aplicação prática de técnicas psicodramáticas nos contextos individual e grupal. Descreveremos as principais técnicas genuínas e as técnicas afins do psicodrama, bem como sua aplicabilidade prática, relacionando-as à teoria psicodramáticas.

Por fim, no Capítulo 6, abordaremos a aplicação de técnicas psicodramáticas nos contextos institucional, organizacional e social, enfatizando as interações e relações humanas e seus conflitos e desafios.

O projeto de vida e de desenvolvimento social e das relações humanas de Moreno, suas teorias, seus métodos e suas técnicas psicodramáticas são excelentes instrumentos para a psicopedagogia e para o psicopedagogo no que tange à tarefa de somar esforços multidisciplinares para compreender o ser humano em suas várias facetas: como se desenvolve, como processa a aprendizagem, como recebe as informações e como relaciona-se e comunica-se consigo mesmo e com o outro. Dessa forma, procuramos analisar os problemas e as dificuldades que podem prejudicar a aprendizagem e o desenvolvimento individual ou em grupo e, assim, propor soluções que previnam ou promovam um melhor desempenho no desenvolvimento integral e na aprendizagem.

Como aproveitar ao máximo este livro

Empregamos nesta obra recursos que visam enriquecer seu aprendizado, facilitar a compreensão dos conteúdos e tornar a leitura mais dinâmica. Conheça a seguir cada uma dessas ferramentas e saiba como elas estão distribuídas no decorrer deste livro para bem aproveitá-las.

Introdução do capítulo

Logo na abertura do capítulo, informamos os temas de estudo e os objetivos de aprendizagem que serão nele abrangidos, fazendo considerações preliminares sobre as temáticas em foco.

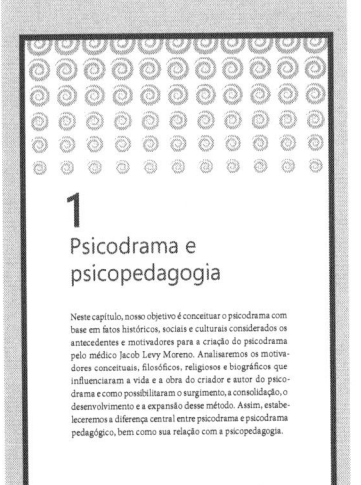

Síntese

Ao final de cada capítulo, relacionamos as principais informações nele abordadas a fim de que você avalie as conclusões a que chegou, confirmando-as ou redefinindo-as.

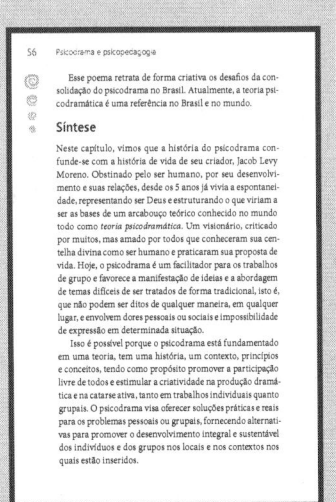

1
Psicodrama e psicopedagogia

Neste capítulo, nosso objetivo é conceituar o psicodrama com base em fatos históricos, sociais e culturais considerados os antecedentes e motivadores para a criação do psicodrama pelo médico Jacob Levy Moreno. Analisaremos os motivadores conceituais, filosóficos, religiosos e biográficos que influenciaram a vida e a obra do criador e autor do psicodrama e como possibilitaram o surgimento, a consolidação, o desenvolvimento e a expansão desse método. Assim, estabeleceremos a diferença central entre psicodrama e psicodrama pedagógico, bem como sua relação com a psicopedagogia.

---

56   Psicodrama e psicopedagogia

Esse poema retrata de forma criativa os desafios da consolidação do psicodrama no Brasil. Atualmente, a teoria psicodramática é uma referência no Brasil e no mundo.

Síntese

Neste capítulo, vimos que a história do psicodrama confunde-se com a história de vida de seu criador, Jacob Levy Moreno. Obstinado pelo ser humano, por seu desenvolvimento e suas relações, desde os 5 anos já vivia a espontaneidade, representando ser Deus e estruturando o que viriam a ser as bases de um arcabouço teórico conhecido no mundo todo como *teoria psicodramática*. Um visionário, criticado por muitos, mas amado por todos que conheceram sua centelha divina como ser humano e praticaram sua proposta de vida. Hoje, o psicodrama é um facilitador para os trabalhos de grupo e favorece a manifestação de ideias e a abordagem de temas difíceis de serem tratados de forma tradicional, isto é, que não podem ser ditos de qualquer maneira, em qualquer lugar, e envolvem dores pessoais ou sociais e a impossibilidade de expressão em determinada situação.

Isso é possível porque o psicodrama está fundamentado em uma teoria, tem uma história, um contexto, princípios e conceitos, tendo como propósito promover a participação livre de todos e estimular a criatividade na produção dramática e na catarse ativa, tanto em trabalhos individuais quanto grupais. O psicodrama visa oferecer soluções práticas e reais para os problemas pessoais ou grupais, fornecendo alternativas para promover o desenvolvimento integral e sustentável dos indivíduos e dos grupos nos locais e nos contextos nos quais estão inseridos.

Atividades de autoavaliação

Apresentamos estas questões objetivas para que você verifique o grau de assimilação dos conceitos examinados, motivando-se a progredir em seus estudos.

Atividades de aprendizagem

Aqui apresentamos questões que aproximam conhecimentos teóricos e práticos a fim de que você analise criticamente determinado assunto.

Bibliografia comentada

Nesta seção, comentamos algumas obras de referência para o estudo dos temas examinados ao longo do livro.

Bibliografia comentada

Apresentamos, a seguir, algumas sugestões de leitura fundamentais para aprofundar e ampliar seus conhecimentos sobre o psicodrama, bem como sua fundamentação teórica, técnica e prática.

MORENO, J. L. Psicodrama. São Paulo: Pensamento, 1975.

Essa obra é considerada um clássico e ponto de partida para compreender a teoria psicodramática de Moreno. Portanto, ao mesmo tempo, é uma leitura obrigatória para o aprofundamento de seus princípios, seu desenvolvimento e sua consolidação. A obra é a base da teoria e da prática do psicodrama.

MORENO, J. L. Quem sobreviverá? Fundamentos da sociometria, psicoterapia de grupo e sociodrama. Goiânia: Dimensão, 1992.

Essa obra é um clássico e permite complementar seus estudos.

AGUIAR, M. Teatro da anarquia: um resgate do psicodrama. Campinas: Papirus, 1988.

DIAZ, V. R. C. da S. Sonhos e psicodrama interno na análise psicodramática. São Paulo: Ágora, 1996.

ROJAS-BERMUDEZ, J. G. Introdução ao psicodrama. Tradução de José Manoel D'Alessandro. São Paulo: Mestre Jou, 1977.

As obras indicadas são fundamentais para compreender as diferenças entre técnicas gerais do psicodrama, como o tema, o papel e inversão de papéis, duplo, solilóquio, interpolação de resistência, realidade suplementar e intervenção direta do diretor.

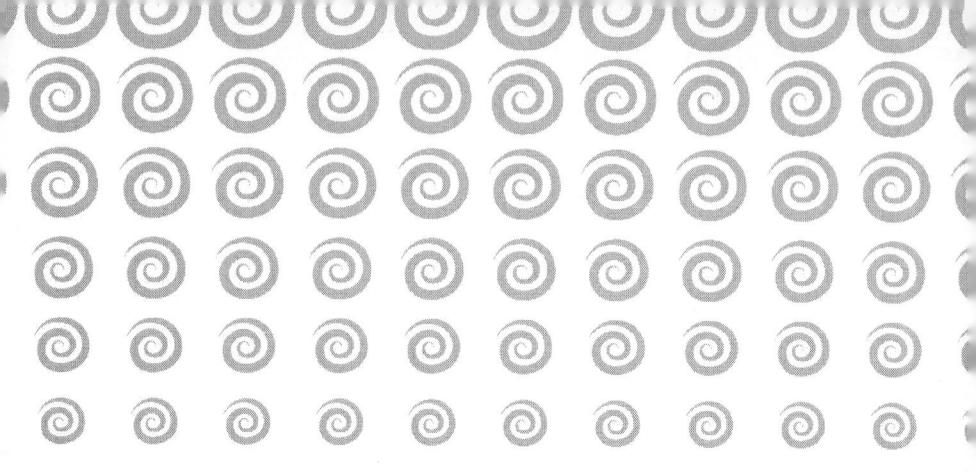

1
Psicodrama e psicopedagogia

Neste capítulo, nosso objetivo é conceituar o psicodrama com base em fatos históricos, sociais e culturais considerados os antecedentes e motivadores para a criação do psicodrama pelo médico Jacob Levy Moreno. Analisaremos os motivadores conceituais, filosóficos, religiosos e biográficos que influenciaram a vida e a obra do criador e autor do psicodrama e como possibilitaram o surgimento, a consolidação, o desenvolvimento e a expansão desse método. Assim, estabeleceremos a diferença central entre psicodrama e psicodrama pedagógico, bem como sua relação com a psicopedagogia.

1.1
O que é psicodrama?

Como conceituar psicodrama? Inicialmente, podemos resgatar o conceito formulado por seu criador e autor. Para Moreno (1975, p. 17), o "psicodrama pode ser definido como a ciência que explora a 'verdade' por métodos dramáticos". Até a criação do psicodrama, prevaleciam as terapias individuais, tendo como principal modalidade a psiquiatria e seu principal representante, o neurologista e psiquiatra austríaco Sigmund Freud (1856-1939), criador da psicanálise, que estudou medicina em Viena, junto a Moreno. Foi nesse espaço de estudos que eles se encontraram e iniciaram as divergências no âmbito teórico e prático, o que levou às inevitáveis rupturas entre ambos. Moreno (1975, p. 59) é categórico:

> Historicamente, o psicodrama representa o ponto culminante na passagem do tratamento do indivíduo isolado para o tratamento do indivíduo em grupo; do tratamento do indivíduo por métodos verbais para o tratamento por métodos de ação. Desenvolveu uma teoria da personalidade e uma teoria do grupo, que é, tanto no aspecto analítico como no tratamento, mais profunda, mais ampla e mais econômica do que as suas predecessoras. É uma combinação eficaz da catarse individual com a coletiva, da catarse de participação com a de ação.

Moreno (1975) atribui o surgimento do psicodrama a **fatos históricos** de sua vida, os quais ele define como o berço do psicodrama. Optamos por manter a descrição dos fatos na íntegra para não correr o risco de omitir a riqueza de detalhes que só o narrador de suas histórias consegue dar. Assim, elas têm o objetivo, além de narrar um fato, de representá-lo. Mantivemos, ainda, a organização e a ordem cronológica dos fatos para que possamos compreendê-los de acordo com a cronologia histórica da vida de Moreno e do desenvolvimento do psicodrama e do movimento psicodramatista.

1.1.1
Fato 1: Brincando de ser Deus

Este é o primeiro fato que Moreno consagra como um dos pilares que possibilitaram o surgimento do psicodrama. Foi uma brincadeira, aos 4 anos e meio, que Moreno considera sua primeira sessão psicodramática particular, conduzida por ele. Conta ele que, num certo domingo, ficou com outras crianças no porão de sua casa, enquanto seus pais haviam saído para realizar uma visita. Então, ele propõe a seus colegas uma brincadeira: "brincar de Deus com os anjos. [...] Eu sou Deus e vocês os meus anjos". (Moreno, 1975, p. 50). Um deles sugeriu que construíssem o céu, que assim ficou: pegaram cadeiras que tinham pela casa e colocaram-nas umas sobre as outras, em cima de uma grande mesa, formando uma pirâmide que atingiu o teto do porão. Relata Moreno, então que,

> todas as crianças me ajudaram [...] até atingir a cadeira mais alta, onde me sentei. As crianças começaram dando voltas ao redor da mesa, usando os braços como asas e cantando. De súbito, ouvi uma criança perguntando-me: "Por que não voas?" Estiquei os braços, tentando fazê-lo. (Moreno, 1975, p. 50)

O resultado todos já sabemos: após a tentativa de voo, Moreno despencou no chão e fraturou o braço direito. Nas palavras do autor: "Foi essa, que me recorde, a primeira sessão psicodramática 'particular' que conduzi. Eu era, ao mesmo tempo, o diretor e o sujeito" (Moreno, 1975, p. 50).

1.1.2
Fato 2: Os jardins de Viena

De 1911 a 1917, Moreno estudava filosofia e, logo em seguida, cursou medicina na Universidade de Viena. Nesse período, iniciou um trabalho de improvisação com crianças nos jardins de Viena. Desse trabalho, surgiu o teatro espontâneo para crianças – o Kindergarden. Paralelamente a essas atividades, Moreno fez aulas de psiquiatria e psicanálise com Freud, porém não se identificou com suas teorias e práticas, sendo a vida toda um crítico contundente do autor, de suas teorias e de suas práticas.

1.1.3
Fato 3: Primeira sessão psicodramática oficial

O terceiro fato foi a primeira sessão psicodramática oficial, realizada em 1º de abril de 1921, no Teatro Komoedien Haus, em Viena. A vivência contou com a participação de mais de mil pessoas, e o enredo era o seguinte:

> Quando a cortina foi levantada, o palco estava vazio, com exceção de uma poltrona de pelúcia vermelha, de espaldar alto e armação em talha dourada, como um trono de um rei. No assento da poltrona havia uma coroa dourada. O público compunha-se, além de curiosos, de representantes de estados europeus e não europeus, de organizações religiosas, políticas e culturais. Quando me lembro de tudo isso, fico espantado com a minha própria audácia. (Moreno, 1975, p. 49)

O contexto desse evento é o da Viena – e podemos dizer, da Europa – do pós-guerra: instabilidade política, revoltas, espíritos abalados. Segundo Moreno (1975, p. 49),

> falando em termos psicodramáticos, eu tinha um elenco e tinha uma peça. O público era meu elenco, as pessoas que enchiam o teatro eram como outros tantos dramaturgos inconscientes. A peça era o enredo em que haviam sido jogados pelos acontecimentos históricos e em que cada um desempenhava um papel real. Como diríamos hoje, o meu intento era conseguir o sociodrama em *statu nascendi* e analisar a produção.

Assim, Moreno convida políticos, ministros, escritores, militares, médicos e advogados presentes a assumirem a condição de sujeitos de sua própria história, sugerindo uma nova ordem, e cada uma das sugestões seria testada no aqui e agora. Cada um deveria "sentar-se no trono e atuar como um rei, sem preparação prévia e diante de um público desprevenido. O público era o júri" (Moreno, 1975, p. 49). O resultado, apesar de, aparentemente, desastroso, não foi capaz de demover Moreno de suas sessões psicodramáticas: ninguém havia sido "considerado digno de tornar-se rei" (Moreno, 1975, p. 49). Perdera muitos amigos e, na manhã seguinte, a imprensa vienense estava em polvorosa.

1.1.4
Fato 4: O caso Bárbara

Este é o quarto fato que Moreno consagra como berço do psicodrama e o intitula como a passagem do teatro da espontaneidade para o teatro terapêutico:

> Tínhamos uma jovem atriz, Bárbara, que trabalhava para o teatro e também participou num novo experimento que eu havia iniciado, o jornal vivo[1] e improvisado. Ela era uma atração principal, por causa da sua excelência nos papéis de ingênua, heroicos e românticos. Logo se evidenciou que ela estava enamorada de um jovem poeta e autor teatral que nunca deixava de sentar-se na primeira fila, aplaudindo e acompanhando atentamente cada uma de suas atuações. Desenvolveu-se um romance entre Bárbara e George. Certo dia, o seu casamento foi anunciado. Entretanto, nada mudou: ela continuava sendo a nossa principal atriz e ele, por assim dizer, o nosso principal espectador. Um dia fui procurado por George, seus olhos usualmente alegres refletindo uma grande perturbação. (Moreno, 1975, p. 52)

Moreno relata que George, o marido de Bárbara, passou a queixar-se que sua esposa apresentava comportamento dúbio: quando estava no teatro, era doce e angelical; em casa, como uma endemoninhada. Moreno ouve tudo atentamente e solicita que viessem ao teatro como de costume, que ele iria

•••••
1 Técnica dramática utilizada por Moreno que consistia em dramatizar a leitura de jornais entre atores do teatro espontâneo e o público assistente. O jornal vivo, com o tempo, foi se configurando como o sociodrama e o psicodrama (Menegazzo, 1995).

procurar uma remédio. No dia seguinte, Moreno propõe um desafio a Bárbara: que ela representasse "papéis mais terra a terra, que retratem a vulgaridade e a estupidez da natureza humana, a sua realidade cínica, as pessoas não são como elas são, mas piores do que são" (Moreno, 1975, p. 52). Bárbara fica entusiasmada com o desafio proposto por Moreno. Seu primeiro papel nessa nova dinâmica foi representar uma prostituta de rua que fora atacada e morta, sendo que o autor do crime ainda estava em liberdade.

> Bárbara entra em cena. George estava em sua poltrona habitual, na primeira fila da plateia, muito excitado. Richard, no papel do apache, saiu do café com Bárbara e seguiu-a. Tiveram um encontro que logo se converteu em acalorada discussão. Era sobre dinheiro. De súbito, Bárbara mudou sua maneira de representar, totalmente inesperada nela. Praguejou como um soldado de cavalaria, agrediu o homem com os punhos e deu-lhe repetidos pontapés nas canelas. (Moreno, 1975, p. 52)

A cena continua com o estranho perseguindo-a até o momento de, supostamente, assassiná-la. Tanto George quanto o público reagiram à nova Bárbara. O marido dirigia-se a Moreno e o público começou a gritar: "Parem! Parem!".

> Depois da cena, Bárbara estava exuberante de alegria, ela beijou George e foram para casa em êxtase. Desde então, ela continuou representando esses papéis abjetos. George veio procurar-me no dia seguinte. Ele compreendeu imediatamente que se tratava de uma terapia. (Moreno, 1975, p. 52)

Esse era o tratamento receitado por Moreno a Bárbara. Mas não era somente para ela, e sim para George também: "Era como uma catarse derivada do humor e do riso. Continuei o tratamento, atribuindo-lhe mais cuidadosamente os papéis, de acordo com as necessidades dela e dele" (Moreno, 1975, p. 52). Uma noite, Moreno propõe a Bárbara que ela contracenasse com seu marido. A nova parceria mexeu tanto com o casal quanto com o público, que afirmava que as cenas do casal comoviam mais que as anteriores.

Alguns meses depois, Bárbara e George sentaram-se a sós comigo no teatro. Tinham-se encontrado a si mesmos e um ao outro pela primeira vez. Analisei o desenvolvimento deles no psicodrama, sessão por sessão, e contei-lhes a história de sua cura. (Moreno, 1975, p. 52)

O caso Bárbara ficou conhecido como um dos pilares do psicodrama e marcou a passagem do teatro espontâneo para o teatro terapêutico.

1.2
Diferença entre psicodrama e psicodrama pedagógico e a relação com a psicopedagogia

Em 1963, Moreno iniciou os estudos e a prática do psicodrama pedagógico, na Associação Argentina de Psicodrama e Psicoterapia de Grupo, com a educadora e psicodramatista argentina Maria Alicia Romaña, que tinha formação como psicodramatista e cujo trabalho era voltado apenas para os profissionais psicólogos e psiquiatras que estavam aptos a atuar em psicoterapias. Mas, já no fim daquele ano, Romaña havia vivenciado experiências positivas com o psicodrama pedagógico.

A partir daí, a educadora iniciou um marco teórico do psicodrama, com ênfase para o universo educacional. O início de suas pesquisas ocorreu em sua formação, de 1964 a 1966. A autora realizou dramatizações no curso de pedagogia do ensino superior, no qual ministrava aulas, e fez uma experiência com um grupo de crianças com dificuldades de aprendizagem. Após essas experiências, entre 1966 a 1968, iniciou demonstrações para professores, nas quais novos desafios foram constatados, agora com as técnicas. Em 16 de agosto de 1969, apresentou oficialmente, no IV Congresso Internacional de Psicodrama, em Buenos Aires, a teoria do psicodrama pedagógico.

Segundo Romaña (1999, p. 20), o **psicodrama pedagógico** é a "combinação equilibrada de trabalho em grupo, desenvolvido num clima de jogo e liberdade, que alcança sua maior expressão quando articulado no plano dramático ou teatral". Para a autora, a base da relação entre psicodrama e educação reside no entrecruzar de conhecimentos que serão ensinados, nos objetivos para a aprendizagem e no método a ser utilizado no processo de ensino-aprendizagem (Romaña, 1999).

As principais **diferenças** entre o psicodrama e o psicodrama pedagógico estão na aplicabilidade, na utilização das técnicas genuínas e afins e na postura do psicodramatista ou profissional de educação. No psicodrama pedagógico, a ação dramática visa uma abordagem especificamente no contexto pedagógico e nos objetivos educacionais propostos, levando em consideração o cotidiano educacional, as relações entre os sujeitos envolvidos e as dificuldades de aprendizagem. Utiliza-se no processo a tríade grupo-jogo-teatro.

O psicodrama objetiva o método psicodramático para a atuação terapêutica, de forma individual ou grupal, ao passo que o psicodrama pedagógico visa a utilização do método psicodramático para fins pedagógicos, podendo ser aplicado de forma individual ou grupal.

No campo pedagógico, o psicodrama amplia-se e incorpora o sociodrama, que consiste em um tipo especial de terapia, na qual o principal contexto trabalhado é o grupal e as relações interpessoais construídas no contexto de grupo durante as ações coletivas oriundas das atividades necessárias em prol de um objetivo comum do grupo.

Por sua vez, o teatro espontâneo é reconhecido e incorporado no psicodrama pedagógico como um recurso de comunicação e aprendizagem. Esses recursos são utilizados com o objetivo de utilizar a dramatização como um espelho para a transmissão, a aquisição e o processamento de informações e conhecimentos.

A **psicopedagogia** surgiu no século XIX, em um contexto histórico de transformações em várias áreas da vida humana, quando a educação formal sofria uma expansão e, consequentemente, havia a necessidade de esforços multidisciplinares para agregar a psicologia, a neurologia, a psicolinguística, a antropologia e a pedagogia a fim de buscar alternativas aos desafios impostos à educação e à escolarização.

Nessa perspectiva, as pesquisas também objetivaram para entender a mente humana, seu desenvolvimento e como se processam o aprendizado e o conhecimento. Essas pesquisas apontaram a importância de compreender como os estímulos positivos e negativos podem contribuir para a aprendizagem ou atrapalhá-la. Sendo o processo de aprendizagem algo tão individualizado e diferenciado, todas as iniciativas que visem corroborar para a superação de dificuldades e apresentem alternativas metodológicas criativas e eficazes são bem-vindas. Assim, os conceitos e as técnicas do psicodrama e do psicodrama pedagógico, genuínas ou afins, são alternativas eficientes, criativas e inovadoras para o desenvolvimento de uma aprendizagem fundamentada na espontaneidade e na autonomia de todos os envolvidos.

Portanto, defendemos e encorajamos a utilização do psicodrama como um excelente e adequado instrumento para o trabalho de pedagogos, professores e educadores no âmbito dos vários contextos educacionais, como escolas, instituições, comunidades e empresas.

Consideramos que, no campo educacional, com a junção do psicodrama, do psicodrama pedagógico e da psicopedagogia, poderemos construir e consolidar um método educacional psicodramático capaz de contribuir para que educadores, psicólogos, pedagogos e psicodramatistas façam uma integração entre os conhecimentos adquiridos na vida cotidiana e os conhecimentos acadêmicos, adquiridos pelos meios educacionais formais. Com essa integração, objetiva-se uma formação integral e autônoma dos indivíduos e dos sujeitos envolvidos nos diversos processos de ensino-aprendizagem.

1.3
A criação do psicodrama

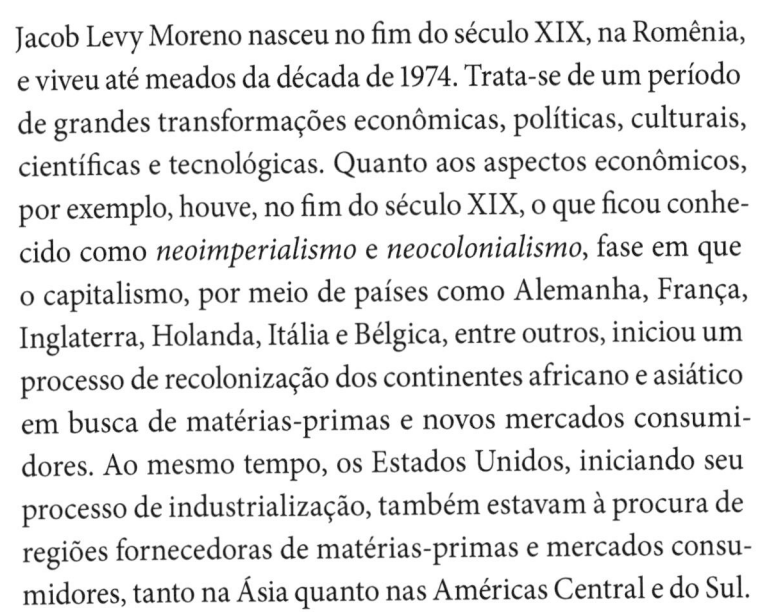

Jacob Levy Moreno nasceu no fim do século XIX, na Romênia, e viveu até meados da década de 1974. Trata-se de um período de grandes transformações econômicas, políticas, culturais, científicas e tecnológicas. Quanto aos aspectos econômicos, por exemplo, houve, no fim do século XIX, o que ficou conhecido como *neoimperialismo* e *neocolonialismo*, fase em que o capitalismo, por meio de países como Alemanha, França, Inglaterra, Holanda, Itália e Bélgica, entre outros, iniciou um processo de recolonização dos continentes africano e asiático em busca de matérias-primas e novos mercados consumidores. Ao mesmo tempo, os Estados Unidos, iniciando seu processo de industrialização, também estavam à procura de regiões fornecedoras de matérias-primas e mercados consumidores, tanto na Ásia quanto nas Américas Central e do Sul.

No âmbito tecnológico e de progresso, Europa e Estados Unidos viviam o que se convencionou chamar *Belle Époque*, de 1870 ao início da Primeira Guerra Mundial. Havia grande entusiasmo com relação à modernidade e ao conforto que chegavam cada vez mais ao dia a dia das pessoas, como luz elétrica, eletrodomésticos, bonde elétrico, trens, cinema, iluminação pública e banheiros dentro de casa. No entanto, os conflitos étnicos seculares que agitavam a região dos Bálcãs e os conflitos oriundos da fase neocolonialista fizeram eclodir uma terrível guerra, colocando todo o otimismo da Belle Époque em xeque: foram 9 milhões de mortes e outros 30 milhões de feridos e mutilados, em um curto espaço de quatro anos. A contaminação do solo por armas químicas afeta diversas regiões da Europa até hoje. Segundo o historiador britânico Eric Hobsbawm, não tivemos duas, mas apenas uma guerra. Para ele, o que ficou conhecido como Segunda Guerra Mundial seria, na realidade, uma continuação da primeira. Não apenas porque os alemães, comandados por Hitler, queriam uma espécie de revanche ou vingança pela humilhação sofrida com o Tratado de Versalhes, mas também porque não há como separar os dois conflitos. O período entre ambos foi de uma tentativa de reconstrução da Europa. Contudo, no fim da década de 1920, a crise da Bolsa de Valores de Nova York, em 1929, fez a economia capitalista estadunidense e europeia entrarem em colapso novamente, levando milhões de pessoas ao desemprego e milhares de empresas à falência.

Os Estados, governos e partidos políticos não conseguiram administrar a crise, o que favoreceu o surgimento de projetos políticos radicais e extremistas. Foi assim que surgiram, na Alemanha e na Itália, o nazismo e o fascismo, ambos apoiados por parte considerável da sociedade, que via nesses regimes uma forma de combater a ameaça soviética. As ideias e os partidos nazifascistas, no entanto, despontaram ainda em meados da década de 1920. Foi nesse contexto que, em 1925, Moreno decidiu fugir da Europa e ir para os Estados Unidos, onde, porém, também havia a perseguição a judeus, negros e católicos liderada pela Ku Klux Klan.

Em 1917, a Revolução Soviética acabou com o czarismo secular e instalou um governo seguindo as ideias políticas e econômicas do socialismo expressas por Karl Marx e Friedrich Engels no Manifesto Comunista. Esse projeto alternativo ao modelo capitalista, em um primeiro momento, atraiu a atenção daqueles que viviam na economia de mercado porque, enquanto os países capitalistas encontravam-se em uma situação de crise econômica, social e política, os países comunistas prosperavam. Os governos dos Estados Unidos e da Inglaterra começaram, então, a envidar esforços a fim de sair da crise. Assim, aplicando as sugestões feitas por John Maynard Keynes, passou-se a investir em grandes obras, e a economia começou a dar sinais de recuperação. Porém, para a Europa, em termos políticos, Hitler e Mussolini já estavam no poder e a eclosão de uma nova guerra era uma questão de tempo. Por outro lado, o projeto socialista da Revolução Russa de 1917 fora, aos poucos, sendo abandonado, à medida que Josef Stalin, após a morte de Lenin, concentrou os poderes e eliminou seus inimigos, tendo, inclusive, mandado assassinar Trotsky e outros opositores no exílio.

A Segunda Guerra Mundial foi o auge da tragédia do século XX. Além da quantidade de pessoas mortas, feridas, mutiladas e traumatizadas, a razão e o conhecimento foram colocados a serviço da morte. O filósofo Theodor Adorno (1950) chama a atenção para esse fato ao observar que engenheiros colocaram toda a sua inteligência para construir ferrovias que ligariam os guetos judeus aos campos de concentração, mais especificamente às câmaras de gás, nas quais estes seriam mortos.

Moreno viveu os últimos 30 anos de sua vida no período que ficou conhecido como *Guerra Fria*, quando Estados Unidos e União Soviética disputavam a hegemonia política e econômica no mundo. Ao mesmo tempo, patrocinaram a corrida armamentista e a guerra espacial como formas de demonstrar poder perante as demais nações. Em determinado momento, o risco de uma guerra nuclear passou a ser considerado algo bastante provável. A Crise dos Mísseis de Cuba foi um acontecimento que durou 13 dias e colocou as duas superpotências em rota de colisão direta. Após uma tentativa fracassada por parte de um grupo paramilitar treinado pela CIA (Central Intelligence Agency) de invasão a Cuba, o presidente da União Soviética atendeu a um pedido do presidente cubano de instalar mísseis na ilha para impedir uma nova tentativa de invasão. Quando os mísseis estavam a caminho, os Estados Unidos estabeleceram um bloqueio aos navios que levavam novos mísseis. O clima ficou tenso, e a possibilidade de um conflito direto entre as duas potências parecia muito real. No entanto, a diplomacia entrou em ação e os presidentes Kennedy e Kruschev chegaram a um acordo, sob a supervisão da Organização das Nações Unidas (ONU), com o compromisso estadunidense de nunca invadir Cuba.

1.4
Jacob Levy Moreno: biografia

Jacob Levy Moreno, médico, criador do psicodrama e das terapias psicodramáticas de grupo, foi um homem extrovertido, bom orador, criativo, inventivo, alegre, dinâmico, carismático, cheio de vitalidade para o trabalho e que sempre dizia: "Sabe o que faz e faz o que sabe".

Sua biografia é importante, pois nela encontraremos os primórdios do desenvolvimento do psicodrama, do sociodrama e da psicoterapia de grupo. Foi um homem dedicado à pesquisa e à investigação do universo psicológico e social do ser humano.

Gheorghe Bratescu elimina as controversas acerca da data exata de nascimento de Moreno e afirma que ele nasceu em 6 de maio de 1889, na cidade de Bugarestna, na Romênia (Almeida, 1990). Era de origem judaica (*sefaradim*[2]), sua família era da Península Ibérica e havia sido radicada na Romênia na época da Inquisição.

Aos 5 anos, Moreno mudou-se com a família para Viena, próximo ao Rio Danúbio, onde viveu sua primeira experiência extraordinária de representação, que ficou conhecida como a *brincadeira de ser Deus*. Moreno refere-se a esse fato com humor e afirma que nele encontra-se o embrião de suas ideias e de seus conceitos sobre a espontaneidade como centelhas divinas presentes em cada um de nós.

Moreno sempre cultivou fortes ideais religiosos, tendo sido convertido ao hassidismo, ao judaísmo chassídico (chassidismo) e ao judaísmo hassídico (hassidismo). Esse movimento, que tem origem no judaísmo ortodoxo, defende a espiritualidade como elemento essencial da fé judaica e tem como princípios o infinito da dimensão humana, o imenso poder da criatividade e a singularidade do ser humano, que o torna único e irrepetível. Para o hassidismo,

> a religião é um paradoxo [...] [onde quem apenas segue a tradição cegamente, coloca-se] na condição de "coisas", não de "seres". Os que apenas formulam as próprias ideias e evitam

• • • • •
2 *Sefardita* é o termo utilizado para se referir aos descendentes dos judeus originários de Portugal e da Espanha.

> ouvir a tradição saem fora do contexto da religião [pois transformam a religião em "coisa" morta, acabada e finita]. Os que ouvem o que diz a tradição e com base nisso criam novas possibilidades estão exercendo a sua dimensão infinita. Se Deus existe e criou o homem, mas não desejava um homem infinito, teria criado "coisas" e não homens capazes de transgredir. (Bogomoletz, 2020)

Em 1912, Moreno ingressou na faculdade de medicina, já interno da clínica psiquiátrica de Viena. Conheceu Freud no curso de verão que este ministrava nessa faculdade.

Em 1914, junto a um amigo jornalista e um amigo médico, realizou um trabalho com técnicas grupais envolvendo prostitutas vienenses com o objetivo de promover sua organização como categoria, o que resultou na criação de uma espécie de sindicato em Amspittelberg.

Em 1916, trabalhou em um campo de refugiados tiroleses e pôde observar as interações psicológicas entre os componentes dos grupos. Em 1917, formou-se em medicina.

De 1917 a 1920, colaborou com a revista existencialista *Daimon Magazine*. Em 1918, teve contato direto com Martin Buber, que se tornou colaborador permanente da revista. Seus ideais filosóficos foram sempre ancorados no método fenomenológico-existencial, o qual está voltado para entender o ser humano sob uma ótica humanista e tendo-o como o centro das atenções para compreendê-lo em suas dimensões ética, social, biológica, psicológica e espiritual, ou seja, em sua integralidade.

Em 1920, Moreno e alguns amigos vivenciaram uma fase caracterizada por uma forte prática religiosa. Marcada por grande rebeldia aos costumes da época, usando barbas

Psicodrama e psicopedagogia   39

enormes e vivendo nas ruas de maneira muito pobre, eles criaram uma religião que denominaram *religião do encontro*. Nesse período, Moreno ia aos jardins de Viena, o Kindergarden, ensinar jogos de improviso às crianças, com o objetivo de treiná-las para a espontaneidade. Esse fato é considerado por Moreno um dos pilares que possibilitaram o nascimento do psicodrama, e tal trabalho deu origem ao **teatro espontâneo** para crianças. Paralelamente a essas atividades, Moreno teve aulas de psiquiatria e psicanálise com Freud, porém não se identificou com suas teorias e práticas. A partir daí, passou a ser, por toda a vida, um crítico contundente de Freud e de suas teorias e práticas.

Em 1920, seu interesse voltou-se para o teatro. Segundo o próprio Moreno, existiam possibilidades ilimitadas para a investigação e o treinamento da espontaneidade no campo experimental por meio do teatro. Nessa época, publicou anonimamente o livro *Das Testament des Vaters* (O testamento do pai), traduzido depois para o espanhol como *Las palavras del padre* (As palavras do pai) e fundou, em 1921, o teatro vienense da espontaneidade, experiência que constitui uma das bases para suas ideias acerca da psicoterapia de grupo e do psicodrama.

Era muito apreciador do teatro, principalmente de Stanislaviski, autor que o influenciou por meio do método da construção do personagem. Stanislaviski é um dos nomes mais importantes do teatro contemporâneo, pois seus métodos deram uma nova perspectiva estética e psicológica às artes cênicas.

Por meio desses estudos e práticas, foi possível a realização de grandes descobertas sobre as potencialidades e as limitações humanas para sair do artificialismo histórico dos teatros de então e possibilitar uma nova dimensão para o teatro como uma poderosa arma de comunicação que pudesse unir três frentes: intenção do autor, sensibilidade do público e preparação adequada e profissional do ator. Assim, o ator deixa de ser um mero fantoche e torna-se sujeito do processo criativo.

Segundo Stanislaviski (1984, p. 10), o teatro "não é uma simples imitação ou repetição do trabalho de outros atores. Será sempre o resultado de uma criação original". O autor considerava que, para que o método obtivesse o resultado desejado, não poderia ser treinado, e sim tornar-se uma segunda natureza do ator, pois quando este deixa de se preocupar com seus feitos, os resultados esperados começam a aparecer naturalmente em seu trabalho. A técnica não deveria ser treinada artificialmente, mas "absorvida e nunca aparecer na realização" (Stanislaviski, 1984, p. 10). O resultado desse trabalho é que a técnica funcionaria como um estímulo ao processo criador.

A primeira sessão psicodramática oficial registrada ocorreu em 1º de abril de 1921, no Komödien Haus de Viena. A vivência contou com a participação de mais de mil pessoas, e Moreno apresentou-se sozinho, em um palco no qual havia apenas uma cadeira de rei. No enredo, alguém da plateia deveria candidatar-se para assumir o trono e conseguir dar uma nova ordem para a cidade de Viena do pós-guerra, que fervia em revoltas, conflitos, manifestações e desordens sociais. Para isso, o líder deveria assumir o lugar do rei, representado pela cadeira localizada no centro do palco. O público julgava se o candidato estava ou não habilitado para ser o rei e liderar. Na ocasião, ninguém foi julgado competente e habilitado para ser rei e liderar.

Entre 1921 e 1922, com o incentivo e o patrocínio do irmão, Moreno fundou o Stegreifteater, que ficou conhecido como *Laboratório Stengreif*. O próprio Moreno considera o período no qual se dedicou ao teatro a fase em que transita da postura religiosa para a científica. No teatro, o autor viu a possibilidade de alinhar suas ideias sobre a espontaneidade à natureza primordial do ser humano, que é imortal e ressurge nas gerações futuras, como uma forma de lutar contra as conservas culturais que provocam um falseamento das instituições sociais e uma robotização do ser humano. É no teatro que o autor via a possibilidade real de investigação, treinamento e experimentação da espontaneidade.

Assim, inaugurava-se uma nova etapa da vida e da teoria moreniana: a fase da filosofia da espontaneidade, cujo germe já havia sido anunciado desde o *Daimon Magazine*, agora com suas ideias amadurecidas e consolidadas.

Em 1923, surge o caso Bárbara, considerado um dos fatos que Moreno consagra como o berço do psicodrama e que assinala a passagem do teatro da espontaneidade para o **teatro terapêutico**. Bárbara era uma atriz muito famosa, experiente e que participava há muito tempo do teatro da espontaneidade, sendo reconhecida por seus papéis de boa menina, doce, meiga, romântica e ingênua. Jorge era um jovem poeta e autor de teatro que se apaixonou por Bárbara e, em pouco tempo, casaram-se. Mais tarde, Jorge foi até Moreno alegando que não havia possibilidade de conviver com Bárbara, pois, em casa, ela era agressiva, megera e violenta, ao contrário dos papéis que desempenhava no palco.

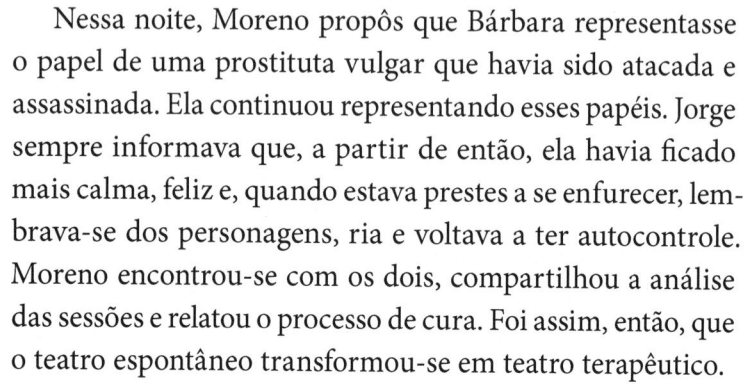

Nessa noite, Moreno propôs que Bárbara representasse o papel de uma prostituta vulgar que havia sido atacada e assassinada. Ela continuou representando esses papéis. Jorge sempre informava que, a partir de então, ela havia ficado mais calma, feliz e, quando estava prestes a se enfurecer, lembrava-se dos personagens, ria e voltava a ter autocontrole. Moreno encontrou-se com os dois, compartilhou a análise das sessões e relatou o processo de cura. Foi assim, então, que o teatro espontâneo transformou-se em teatro terapêutico.

Em 1925, Moreno foi para os Estados Unidos, segundo ele, por motivos particulares; porém, segundo outros, em razão da não aceitação de suas teorias e ideias na Europa. Em 1927, foi realizada a primeira sessão de psicodrama fora da Europa.

A década de 1930, na vida de Moreno, foi marcada por grandes participações que enriqueceram seu currículo e trouxeram uma relevante colaboração para as pesquisas iniciadas na Áustria, possibilitando importantes participações sociogrupais. Em 1931, ele introduziu oficialmente a **psicoterapia de grupo científica** e, apesar de as ideias terem sido germinadas desde Viena, somente nesse momento ele as publicou na revista *Impromptu Man* – a primeira sobre psicodrama e psicoterapia de grupo.

Em 1932, conseguiu uma permissão para trabalhar na penitenciária de Sing-Sing, Nova York, onde desenvolveu um trabalho intitulado *Colóquio terapêutico*, patrocinado pela Associação Americana de Psiquiatria. Na ocasião, foi intitulado *criador da psicoterapia de grupo*.

Em 1934, em um internato de reeducação psicossocial para moças delinquentes, em Hudson, Nova York, Moreno desenvolveu e consolidou suas investigações, pesquisas e sistematizações sobre relações interpessoais. A partir daí, criou o **método da sociometria** e escreveu o livro *Who Shall Survive* (Quem sobreviverá?).

Em 1936, mudou-se para Beacon House, distante 90 km de Nova York. Recebeu, por doação da grande amiga e administradora Madame Franchot Tone, um empreendimento no qual construiu o primeiro teatro de psicodrama, que funcionou até 1982. O local era um centro de formação profissional e nele eram realizadas, semanalmente, sessões de psicodrama público.

Sua última fase de vida foi marcada por conversas, congressos, encontros e diálogos com a comunidade científica acerca de suas teorias, seus métodos e suas práticas. Moreno sempre teve fortes tendências religiosas e filosóficas e nunca as negou. Por isso, sofreu preconceitos e discriminações. Alguns o consideravam um pregador, um messiânico, e duvidaram do homem da ciência, do pesquisador e do psicoterapeuta criativo e inventivo que sempre foi.

Deixou um legado para o mundo que se chama *movimento psicodramático*, no qual o psicodrama está inserido. Morreu em 14 de maio de 1974, aos 85 anos de idade, e pediu que em sua lápide estivessem escritas as seguintes palavras: "Aqui jaz aquele que abriu as portas da psiquiatria à alegria".

1.5 Fatores que influenciaram Moreno

A filosofia existencialista e o método fenomenológico foram marcantes na obra moreniana, principalmente por meio de filósofos e autores como Kierkegaard, Heidegger, Buber, Bergson e Husserl.

Moreno concentrou a teoria de sua filosofia do encontro, do ato e do momento no arcabouço das **teorias da fenomenologia** criadas pelo filósofo alemão Edmund Husserl. A palavra tem origem no grego *phainesthai* (fenômeno) e *logos* (estudo), significando, portanto, o estudo daquilo que se apresenta ou se manifesta no tempo e no espaço. Para a fenomenologia, o ser humano é sempre inacabado, em constante desenvolvimento e em permanente busca de transformação. É um ser em relação e com capacidade de sempre criar vínculos.

Outro princípio fundamental do método fenomenológico é que a verdade é sempre provisória, pois chega-se a ela por meio dos fatos que se apresentam e, portanto, em presença de novos fatos as verdades deveriam ser revistas. Contudo, não se trata de um estudo empírico dos fatos, mas de como estes estão em nossa consciência. Para tanto, usa-se da redução fenomenológica como procedimento do método fenomenológico, isto é, o que chega à nossa consciência pelos sentidos é transformado em experiência de consciência, uma vez que a consciência é sempre consciência de algo. Isso significa que, para o método fenomenológico, não importa o mundo tal qual ele existe, mas como se dá o conhecimento desse mundo individualmente, por pessoa.

Os conceitos fundamentais do método fenomenológico são:

- **Existência/ser**: o ser que está no mundo é aberto e desvenda-se para a relação com o outro.
- **Temporalidade**: aqui e agora, onde passado, presente e futuro encontram-se, entrelaçam-se e modificam-se.
- **Espaço**: está na própria existência, que é o ser, o estar no mundo. Transcende a tridimensionalidade e permite a concretude do ser.
- **Liberdade**: há três níveis de liberdade – comportamental, ideal/valor e filosófico. O ser é livre quando toma consciência de si mesmo.
- **Corpo**: é a forma de o ser humano entrar em relação com o outro e com o mundo.
- **Sonhos**: mais uma forma de existência do ser, com presente, passado e futuro. Possibilita ao ser humano compreender sua existência.

Apesar de ter vivido um período da história da humanidade tão conturbado, ou talvez exatamente por isso, Moreno não desenvolveu um pensamento filosófico pessimista, mas altruísta. Podemos dizer que a palavra *encontro* seja o conceito central em seu pensamento, que está fundamentado em três princípios: (1) o progresso humano é movido pela espontaneidade e pela criatividade; (2) a vida em grupo deve basear-se no amor e no compartilhar; e (3) é possível construir uma comunidade fundamentada nesses princípios. Suas ideias são influenciadas por pensadores sociais e existencialistas, mas ele os critica naquilo que considera ser necessário. Por exemplo, admira a preocupação humanista e social de Marx, mas o critica por haver negado o indivíduo em detrimento do coletivo. Da mesma forma, critica os existencialistas que viveram e morreram presos a seus ideais, como Nietzsche e Kierkegaard. Por outro lado, admira um movimento existencialista identificado como **hassidismo**.

O hassidismo surgiu nas duas primeiras décadas do século XX, em Viena, originado do judaísmo místico e da Cabala, e tem como fundamento, como já salientamos, a ideia da existência de um Deus cósmico, que se faz presente em cada ser humano como uma centelha divina e de que pensamento e existência são uma só realidade. O movimento destaca a importância da liberdade, da espontaneidade e da criatividade na vida de cada indivíduo, e que o que importa é viver o presente, isto é, o aqui e agora.

Para o hassidismo, Deus e o ser humano são infinitos. Assim, quando nos colocamos diante de Deus ou do outro, nossa primeira reação deve ser de estranheza e perplexidade, uma vez que estamos diante de alguém infinito. E, se assim não agimos, é porque transformamos o outro em coisa, *res*. É com base nesse princípio que o filósofo judeu e romeno Martin Buber, que foi fortemente influenciado e influenciou o pensamento de Moreno, estrutura os princípios de sua filosofia, que estão expressos em uma de suas principais obras: *Eu e tu* (2001). Nesse encontro, é fundamental que o outro continue sendo o que ele é, e não o que eu quero que ele seja. Da mesma forma, o outro não pode adotar as opiniões de terceiros e abandonar as suas, sob pena de coisificar-se.

1.6
Início e expansão do psicodrama

Por sua plasticidade e praticidade, o psicodrama vem afirmando-se como um método fundamental para quem busca alternativas reais de inovação, melhorias e eficiência no processo de ensino-aprendizagem. O psicodrama teve e vem tendo uma ascensão espetacular, com a abertura de sua clínica de psiquiatria em 1929, em Beacon, Nova York, e em 1936, com a construção do primeiro teatro especificamente concebido para suas funções.

Em uma parceria com um professor da Universidade da Columbia, em Nova York, Moreno fundou a revista *Sociometry* e, em 1944, também em Nova York, criou o Instituto Moreno – o único no mundo habilitado a ensinar e a conceder diplomas a profissionais especializados, intitulados *diretor de psicodrama* e autorizados a desenvolver o método moreniano de psicodrama. Em 1954, em Toronto, ocorreu a primeira consagração oficial em escala americana das psicoterapias em grupo com o Primeiro Congresso de Psicoterapias de Grupo. E, somente dez anos depois, em 1964, em Paris, é que aconteceu a consagração mundial do psicodrama, com a realização do 1º Congresso Internacional de Psicodrama.

A partir daí, o psicodrama continuou a se desenvolver e a crescer. Mesmo com a morte de seu criador, aos 82 anos, como consequência de uma crise cardíaca que o acometeu em

4 de março de 1974 e o levou dez dias depois, Moreno deixa no mundo um exército de discípulos, irmãos, companheiros e psicodramatistas que não medem esforços para continuar seu legado. Sua utopia, seu sonho e sua realidade são compartilhados por muitos utópicos de plantão, que, acreditando na centelha divina existente em cada ser humano, trabalham e fazem de sua obra o resgate da espontaneidade e da criatividade por meio das técnicas consagradas do mestre.

O Brasil do século XX vivia um contexto social, político e econômico muito conturbado, caracterizado pela abolição da escravidão, a qual não se concretizou no sonho de liberdade, mas em outra forma de escravidão, que produziu milhares de seres humanos analfabetos, sem moradia e famintos, perambulando nas periferias das cidades, notadamente na capital, o Rio de Janeiro. Esse fenômeno deu origem a outra triste realidade que a história brasileira nunca mais conseguiu evitar: a formação das favelas cariocas, com negros libertos na pobreza exposta, prostitutas, bêbados, ladrões e desempregados, com pobres amontoados em cortiços sem qualquer estrutura.

Esse período marca a passagem do Brasil de um país predominantemente agrário para um país capitalista, em conflitos internos com os donos do poder hegemônico contra os que precisavam se impor no poder. O contexto internacional era assinalado pelo entreguerras, fato que estava colocando as grandes potências mundiais em colapso e provocando pobreza, desemprego e falta de perspectivas. Isso lançou as pessoas rumo a outras terras, em busca de uma vida nova. Assim, o Brasil enfrentava mais um desafio: o dos imigrantes, que chegavam em navios de várias nacionalidades.

Os imigrantes trouxeram consigo muitos conhecimentos, os quais transformaram a realidade brasileira, agregando novas perspectivas, culturas, ideias, relações, saberes e valores.

As primeiras manifestações do psicodrama no Brasil surgiram com a luta dos afrodescendentes contra sua condição social, no período de 1948-1950, utilizando como recurso o teatro experimental negro e o *Jornal do Quilombo*, ambos criados pelos sociólogos Alberto Guerreiro Ramos e Abdias do Nascimento. Foi nesse contexto e com essas pessoas que o psicodrama se encontrou no Brasil.

Os sociólogos foram os primeiros a proferir as ideias morenianas e a dar cursos de psicodrama e sociodrama, utilizando o *Jornal do Quilombo* para divulgar ideias e artigos. Com a ditadura militar, tudo foi esvaziado e destruído. Movimentos, ideias, grupos e pessoas precisaram sumir para que a tortura não as perseguisse. Foi assim que Alberto Ramos, depois de ter cassado seu mandato de deputado, foi para os Estados Unidos, só retornando anos depois do fim da ditadura.

A nova versão do psicodrama no Brasil surgiu entre 1958 e 1968, sob a liderança do psicólogo belgo-francês Pierre Weill. Agora, as ideias morenianas eram utilizadas para o desenvolvimento dos trabalhadores, no Departamento de Orientação dos Trabalhadores do Banco da Lavoura de Minas Gerais, o antigo Banco Real.

Em 1968, a ditadura militar intensificou-se e fechou o cerco com os atos institucionais, levando o psicodrama novamente à margem da história no Brasil. Em 1967, porém, em plena ditadura, Weill lançou seu primeiro livro sobre psicodrama, intitulado *Psicodrama* e com prefácio escrito pelo mestre Moreno.

Em 1970, São Paulo foi a cidade escolhida para sediar o V Congresso Latino-Americano de Psicoterapia de Grupo, do qual participaram 70 brasileiros com apresentações de trabalhos científicos sobre psicoterapia de grupo. Também em 1970 realizou-se em São Paulo, organizado pelos argentinos, o V Congresso Internacional de Psicodrama, em um contexto marcado por muitas crises políticas que assolaram o movimento psicodramatista no Brasil. O congresso foi realizado, porém o mestre Moreno, tão esperado, não apareceu. A crise resumia-se em "jogo de poder" do movimento psicodramatista no Brasil (Motta, 2010).

No entanto, o importante é que o psicodrama está organizado e estruturado de forma legal no Brasil desde 1976, por meio da Federação Brasileira de Psicodrama (Febrap), criada como um dos desdobramentos do congresso de 1970.

O poema a seguir, de minha autoria, conta a história do psicodrama no Brasil.

O drama do psicodrama no Brasil

Aqui vou relatar
Algo espetacular:
O aparecimento do psicodrama,
Em nosso querido lar.

Apesar de cinquentão,
E com uma boa estruturação,
Nosso país foi conhecê-lo
Num momento de revolução.

Aqui tudo era agitação,
Época de grande contradição.

Dançava-se samba, tocava-se violão,
E ao mesmo tempo corria-se do camburão.

JK foi passando,
A opressão foi reforçando.
E o que se chamava de vanguarda
Era apenas opressão com novas roupagens.

Meio século de tortura,
Meio século de enganação.
E os coitados ainda chamaram
Isso de revolução.

Apesar dessa enganação e dessa agitação,
O psicodrama maduro, com seu cinquentão,
Foi adentrando nossas fronteiras,
Com um ar de bebezão.

A falta de material
E o excesso de tecno e tal
Deixou nosso profissional
Numa situação muito mau.

Muitos conceitos estudados,
Alguns até obrigados.
Tudo tão bem organizado
Para o primeiro congresso agendado.

Em 1970, enfim, o congresso aconteceu!
Tudo estava muito bem.
Somente o mestre Moreno, tão esperado,
Mandou dizer que não vem.
De tudo o que aconteceu,

As experiências que se conheceu
Uma grande confusão se estabeleceu,
E que no congresso não se resolveu...

Uma divisão foi estabelecida,
Muita gente desiludida,
Criando-se uma grande briga
Entre os psicodramatistas.

Nem tudo se resolveu,
Mas o trabalho sério prevaleceu.
E foi nas sociedades
Que o trabalho se desenvolveu e cresceu!

As "vacas sagradas"
Botaram o pé na estrada
Conquistando e formando
Os amados "bezerros sagrados".

E, assim, a manada foi crescendo,
E em Curitiba se estabelecendo.
No congresso de psiquiatria,
As "vacas sagradas" é que mugiam!

O sucesso consagrado,
Os psicodramatistas encantados,
Os hotéis todos lotados,
Um grande sonho realizado!

Além da consagração,
O congresso trouxe uma constatação:
Todos exigiam logo
Se organizar e se estruturar em uma federação.

> Cumprindo as deliberações e formalizações
> De responsabilidade de uma federação,
> Em 1978, saiu o primeiro congressão.
> Para evitar problemas, agora foi bem fechadão!
>
> Com muita dedicação,
> Muito trabalho na mão.
> O Brasil foi se consagrando,
> Mas o reconhecimento e a legitimação só vieram no quarto encontrão.
>
> Hoje somos referência,
> Com a nossa organização e nossa federação.
> Até hoje nenhuma nação
> Conseguiu esse escalão.

Esse poema retrata de forma criativa os desafios da consolidação do psicodrama no Brasil. Atualmente, a teoria psicodramática é uma referência no Brasil e no mundo.

Síntese

Neste capítulo, vimos que a história do psicodrama confunde-se com a história de vida de seu criador, Jacob Levy Moreno. Obstinado pelo ser humano, por seu desenvolvimento e suas relações, desde os 5 anos já vivia a espontaneidade, representando ser Deus e estruturando o que viriam a ser as bases de um arcabouço teórico conhecido no mundo todo como *teoria psicodramática*. Um visionário, criticado por muitos, mas amado por todos que conheceram sua centelha divina como ser humano e praticaram sua proposta de vida. Hoje, o psicodrama é um facilitador para os trabalhos de grupo e favorece a manifestação de ideias e a abordagem de temas difíceis de ser tratados de forma tradicional, isto é, que não podem ser ditos de qualquer maneira, em qualquer lugar, e envolvem dores pessoais ou sociais e impossibilidade de expressão em determinada situação.

Isso é possível porque o psicodrama está fundamentado em uma teoria, tem uma história, um contexto, princípios e conceitos, tendo como propósito promover a participação livre de todos e estimular a criatividade na produção dramática e na catarse ativa, tanto em trabalhos individuais quanto grupais. O psicodrama visa oferecer soluções práticas e reais para os problemas pessoais ou grupais, fornecendo alternativas para promover o desenvolvimento integral e sustentável dos indivíduos e dos grupos nos locais e nos contextos nos quais estão inseridos.

Atividades de autoavaliação

1. Assinale a alternativa que indica os fundamentos do pensamento fenomenológico que influenciaram Moreno:
   a) A fenomenologia é o estudo dos fenômenos que se escondem por trás do sujeito ou em seu interior.
   b) O ser humano é um fenômeno porque consegue chegar a uma verdade definitiva dos fatos.
   c) Como ser de relações, o ser humano é inacabado, está em constante desenvolvimento e em permanente busca de transformação.

d) A busca pela verdade é algo inútil porque, sendo sempre provisória, nunca se chegará a uma conclusão sobre os fatos.
e) Tempo e espaço são condições que não interferem na constituição do ser.

2. Analise as assertivas a seguir e indique V para as verdadeiras e F para as falsas:
( ) O contexto histórico, social e econômico não teve influência sobre o pensamento de Moreno.
( ) Moreno desenvolveu um pensamento filosófico altruísta fundamentado na ideia de progresso humano, movido pela espontaneidade e pela criatividade.
( ) Segundo Moreno, Marx não tinha visão humanista, pois negou o indivíduo em detrimento do coletivo.
( ) Segundo o hassidismo, existe um Deus cósmico que se faz presente em cada ser humano como uma centelha divina.
( ) Para o hassidismo, influenciado pelo existencialismo de Nietzsche e Kierkegaard, o ser humano é finito e somente Deus é infinito.

Agora, assinale a alternativa correspondente à sequência correta:
a) F, F, F, V, V.
b) V, F, V, F, F.
c) V, V, F, F, F.
d) F, V, F, V, F.
e) F, V, V, V, F.

3. Assinale a alternativa que expressa de que maneira as experiências de vida influenciaram o pensamento de Moreno:

a) A brincadeira de ser Deus com seus vizinhos levou Moreno a converter-se ao hassidismo como forma de controlar seus impulsos de querer ser Deus.

b) O teatro espontâneo para crianças surgiu da experiência de ensinar às crianças os jogos de improviso, com o objetivo de treiná-las para a espontaneidade.

c) A experiência de ensinar as crianças nos jardins de Viena tinha por objetivo convertê-las à religião do encontro.

d) A primeira sessão psicodramática oficial aconteceu em 1º de abril de 1921, em Viena, quando Moreno ajudou a cidade a escolher um novo rei.

e) Com o caso Bárbara, Moreno percebeu que o teatro da espontaneidade e o teatro terapêutico são a mesma coisa.

4. Analise as assertivas a seguir e indique V para as verdadeiras e F para as falsas:

( ) O método da sociometria surgiu da experiência que Moreno teve em um internato de reeducação psicossocial para moças delinquentes, em Hudson, Nova York.

( ) Moreno sofreu muitos preconceitos e discriminações, pois não assumia suas tendências religiosas e filosóficas.

( ) Segundo Moreno, o psicodrama é a passagem do tratamento do indivíduo de maneira isolada para o tratamento em grupo.

( ) Moreno criou o psicodrama influenciado pelas ideias de Freud, quando ambos estudavam medicina em Viena.

( ) Moreno foi um pregador messiânico e sempre duvidou da ciência.

Agora, assinale a alternativa correspondente à sequência correta:

a) F, F, F, V, V.
b) V, F, V, F, F.
c) V, V, F, F, F.
d) F, V, F, V, F.
e) F, V, V, V, F.

5. Assinale a alternativa correta com relação ao psicodrama:
   a) O psicodrama é a ciência que explora a verdade por meio de métodos dramáticos, privilegiando o trabalho em grupo.
   b) No psicodrama prevalecem as terapias individuais, em detrimento do trabalho em grupo.
   c) A teoria da personalidade desenvolvida pelo psicodrama confirma que o tratamento individual é mais profundo, amplo e econômico.
   d) A primeira sessão psicodramática realizada em Viena comprova que a catarse, tanto individual quanto coletiva, é um empecilho para o tratamento, seja do indivíduo, seja do grupo.
   e) O caso Bárbara é um exemplo de que, no trabalho com o psicodrama, é necessário separar a vida privada da vida pública, pois uma não afeta a outra.

Atividades de aprendizagem

Questão para reflexão

1. Leia o trecho a seguir:

> Platão define a catarse como "a discriminação que conserva o melhor e rejeita o pior" (Sófocles, 226 d). [...] [Como] a libertação em relação aos prazeres (Fed., 67 a, 69 c)". Já para Aristóteles, "A tragédia [...] é imitação elevada e completa da ação, que tem certa extensão, pela linguagem e diversas espécies de adornos distribuídos em suas várias partes; imitação realizada por atores e não em forma narrativa e que, suscitando o terror e a piedade, chega à purificação de tais afetos" (Poeta, 1449 b, 24 ss.) (Abbagnano, 1998).

Com base nos conceitos de catarse de Platão e de Aristóteles, elabore um texto dissertativo relacionando-os e comparando com o conceito de catarse na teoria do psicodrama de Moreno.

Atividade aplicada: prática

1. A catarse é um processo fundamental do psicodrama, seja terapêutico, seja pedagógico. Moreno, por meio do psicodrama, revolucionou o conceito de catarse aristotélica. Assista a uma peça de teatro de gênero dramático ou a um filme de drama que seja baseado em fatos reais e analise de que maneira a dimensão da catarse é trabalhada.

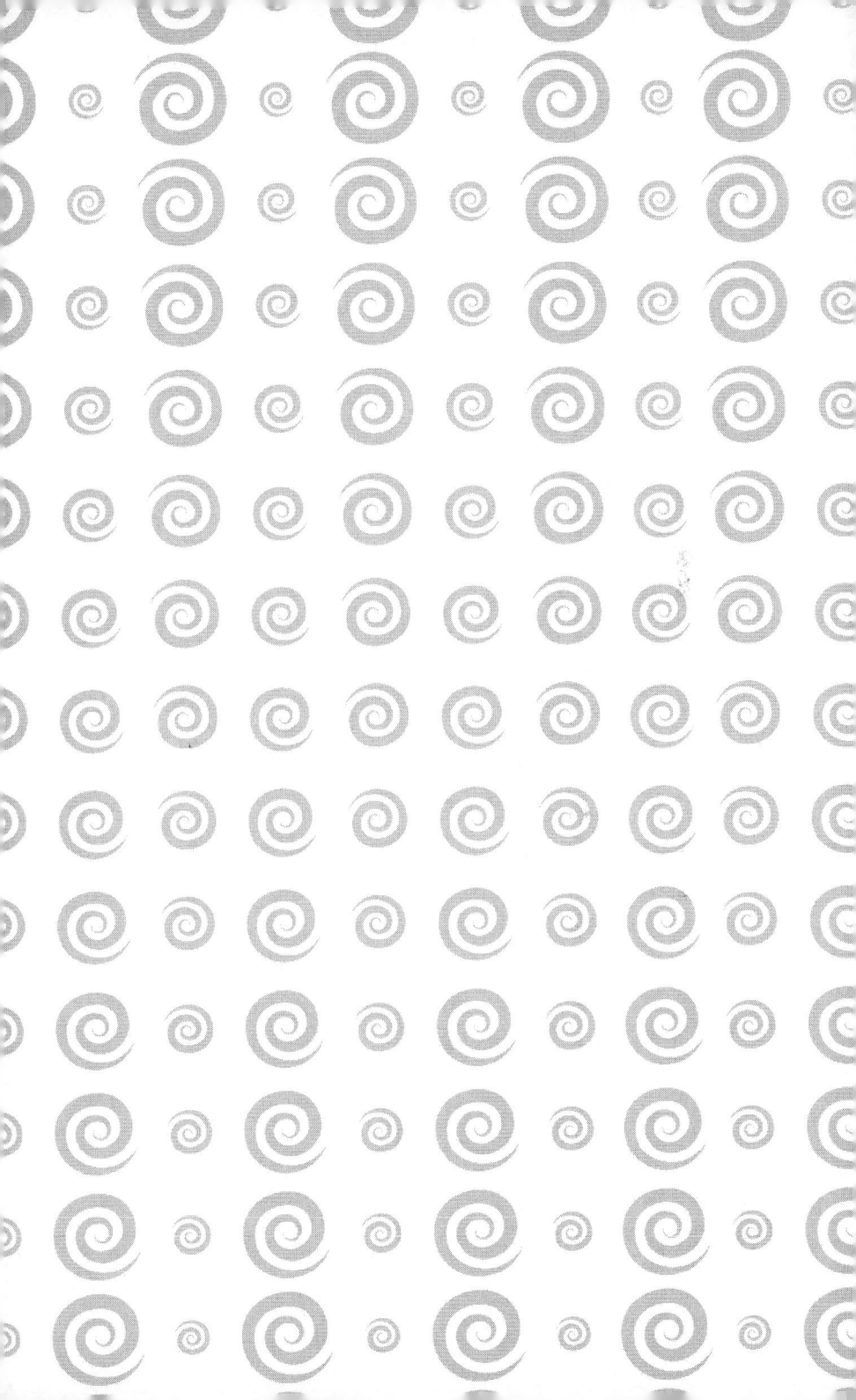

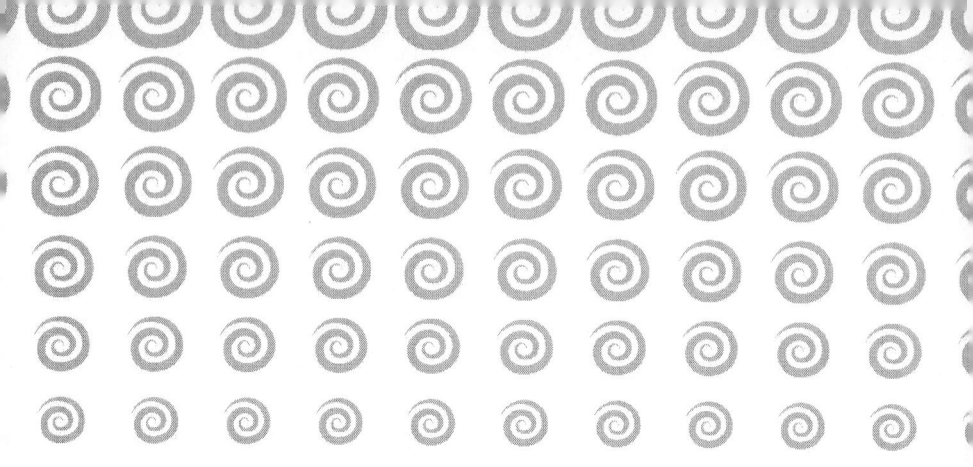

2
O teatro espontâneo de Moreno e outras modalidades paralelas

Neste capítulo, discutiremos por que o ato de representar sempre foi tão relevante para a existência humana ao longo de sua história de evolução e para seu desenvolvimento psicossocial. Destacaremos como Jacob Levy Moreno, um homem visionário, compreendendo essa relevância, conseguiu sintetizar essa ideia em uma ciência, utilizando metodologia própria, recursos e técnicas que ficaram conhecidos como *teoria psicodramática*, que tem a dramatização como instrumento principal para a busca da verdade do protagonista por meio da ação.

Analisaremos o que é o psicodrama, seus elementos, seus procedimentos práticos e suas etapas. Apresentaremos, além do teatro da espontaneidade de Moreno, precursor do teatro terapêutico e do psicodrama, duas modalidades de teatro: o teatro *playback* e o teatro de Augusto Boal. Este último faz parte a teoria do teatro do oprimido e sustenta uma concepção de ser humano e de ator semelhante à do teatro invisível e do teatro foro. Essas modalidades corroboram a proposta de Moreno de utilizar a arte de representar como instrumento de transformação e de libertação do ser humano por meio da ação, dos conflitos e das relações humanas. Essa integração de modalidades poderá ser mais bem investigada em obras como *Teatro do oprimido e outras poéticas políticas* (Boal, 1988), *Teatro da anarquia* (Aguiar, 1988) e *Psicodrama: descolonizando o imaginário* (Naffah Neto, 1997).

2.1
O teatro espontâneo de Moreno

O teatro espontâneo é uma modalidade de teatro criada por Moreno em Viena, em 1921, e provocou uma revolução no teatro convencional da época. Sua proposta foi a substituição dos textos prontos, acabados, ensaiados e decorados pelos atores tradicionais por dramatizações espontâneas que representassem os **conflitos do cotidiano** dos atores e da plateia presente, porém criados no momento, no aqui e agora, sem textos previamente escritos, falas decoradas ou ensaios. Essa proposta ficou conhecida como *arte do momento* ou *criaturgia*, opondo-se à dramaturgia e à arte da conserva.

O objetivo de Moreno era promover apresentações teatrais de modo espontâneo, criativo e livre. Esse trabalho foi realizado em hospitais, praças públicas e com prostitutas. O método desenvolveu-se para o teatro terapêutico, com o caso Bárbara, o qual é considerado um dos pilares para o desenvolvimento do psicodrama e, posteriormente, foi denominado *psicodrama terapêutico*.

2.1.1 Características do teatro espontâneo

Entre as principais características do teatro espontâneo, destacam-se:

- Fim da figura do dramaturgo, da peça escrita ou de roteiros preestabelecidos.
- Fim da divisão palco × plateia. Todos são atores e participam ativamente da produção da representação e da dramatização.
- Os atores e o público são coletivamente cocriadores do processo e tudo acontece de forma improvisada, espontânea e criativa (a ação, o tema, o conflito, as palavras, o encontro e a resolução).
- Os cenários tradicionais desaparecem e dão lugar a contextos, lugares e cenários abertos, representativos, simbólicos e de vida.

- Utilizam-se as técnicas do psicodrama de acordo com as necessidades e os direcionamentos necessários e determinados pelo diretor.
- Pode ser utilizado com objetivos terapêuticos, em que o ponto central é a pessoa e suas emoções, seus bloqueios e seus traumas. Na abordagem pedagógica, os objetivos estão voltados para os papéis sociais, profissionais e grupais.

2.1.2
Aplicação do teatro espontâneo no campo pedagógico

O teatro pedagógico pode contribuir para a realização de uma aula, incentivar a criatividade, desenvolver os conteúdos programáticos curriculares e extracurriculares e trabalhar os conteúdos interdisciplinares ou de projetos educacionais individuais e coletivos. Permite construir um campo de ensino-aprendizagem no qual todos os envolvidos consigam despertar o desejo de aprender em um processo integral de desenvolvimento e compreensão de suas emoções e de seus sentimentos.

Essa modalidade de teatro possibilita que o estudante resolva problemas associados a relacionamentos pessoais, interpessoais e ao desempenho de seu papel de aluno, como desânimo, desmotivação, violência, intolerância, *bullying*, falta de material, de incentivo e de recursos ou a dramática escolha entre trabalhar e estudar.

Os egos auxiliares de alunos, professores, coordenadores, diretores, pedagogos e funcionários podem ser explorados, trabalhando seus papéis e respectivos contrapapéis e buscando, nesse contexto, objetivar uma realidade e subjetivar as emoções e os conflitos de uma realidade invisibilizada pela dor, pelo fracasso e pela descrença dos professores quanto a seu papel profissional. É fundamental resgatar o verdadeiro sentido do papel do professor e suas representações estruturadas e internalizadas ao longo de sua trajetória de vida.

Também é importante trabalhar com a família, responsável por nossos alunos e que hoje estão organizadas na forma de inúmeros arranjos, dos quais nem ela mesma ainda está consciente ou neles não aprendeu a viver, a conviver e a interagir. São os pais e as mães das famílias heterossexuais "tradicionais" que estão exigindo seu legado de ser os únicos detentores da bandeira da moral e dos bons costumes, convivendo com arranjos informais ou formais de famílias híbridas às quais juntaram-se "os meus, os seus e os nossos", convivendo em uma comunidade de estranhos, em que crianças, adolescentes e adultos vivem sem normas, regras, comando, horários e disciplina.

Os casais homoafetivos sofrem as dores diárias da discriminação por não estarem de acordo com a normatividade burocrática das relações tradicionais opressoras, nas quais também está legitimada a morte por feminicídio, mas não está normatizado o amor entre dois homens ou entre duas mulheres. São os dilemas de uma sociedade hipócrita que precisam ser revelados. Há quem acredite que não é normal os casais homossexuais adotarem como filhos aqueles abandonados pelos casais heterossexuais. Somam-se a isso os inúmeros avós que, depois de tantos anos de esforços e sacrifícios para criar e sustentar os filhos, deparam-se hoje com uma tripla missão: manter seu sustento com uma aposentadoria mínima, manter os filhos e, ainda, os netos.

Esses são alguns temas que o teatro espontâneo poderá ajudar a enfrentar quando aplicado em escolas e instituições de ensino. Embora esta não seja a única forma de abordá-los, constitui uma excelente alternativa para promover mudanças significativas.

2.1.3
A arte de representar para o ser humano

Segundo Moreno (1975), o *psicodrama* pode ser definido como a ciência que explora a verdade por meio da utilização de métodos dramáticos. Os recursos de representação sempre estiveram presentes na vida e na história do ser humano, como uma necessidade primária de sobrevivência, manifestação lúdica ou mágica, mística ou divina, ferramenta de comunicação ou arquétipo[1] de identidade cultural.

É possível reconhecer vestígios de manifestações teatrais nas mais antigas descobertas arqueológicas e em estudos

---

1 *Arquétipo*, em seu sentido atual, é um termo criado por Carl Gustav Jung no fim da década de 1910 e pode ser entendido como o conjunto de imagens primordiais registradas em nosso imaginário de geração em geração, o qual determina modelos de pessoas, comportamentos ou personalidade em nosso inconsciente, composto de ego, inconsciente pessoal e inconsciente coletivo.

antropológicos por meio de objetos, máscaras e adereços destinados a esse fim.

Figura 2.1 – Pinturas rupestres

Chaiwut/Shutterstock

O teatro surgiu na Grécia, no século VI a.c., advindo das festas em homenagem ao deus Dioniso, também conhecido como Baco, o deus do vinho, da fertilidade, da agricultura, dos ciclos vitais, das festas e, sobretudo, das intoxicações, capazes de fundir o bebedor com uma deidade[2]. Eram festas contraditórias porque, ao mesmo tempo que tinham um caráter religioso, misturavam o aspecto cívico-social e profano. Também eram chamadas de *festas da carne* e, nelas, praticava-se a homofagia, que consistia no esquartejamento de animais e no consumo de carne crua.

---

2 *Deidade* é uma divindade ou ser divino. O termo pode se referir a Deus ou à própria essência divina.

Figura 2.2 – Festa da carne

VECELLIO, Tiziano. **The bacchanal of the Andrians**. 1523-1526.
Óleo sobre tela, 175 cm × 193 cm. Museo Nacional del Prado, Madrid.

O teatro nasce como uma grande festa com objetivos sagrados, mas de características profanas, que acontecia durante a primavera e era marcado pelo uso de máscaras, ornamentos e tablados suntuosos. O homem considerado o primeiro ator oficial da história, Téspis, viveu nessa época. Durante uma festa grega, Téspis havia representado o próprio deus Dioniso e, até hoje, é conhecido como o primeiro ator do teatro ocidental.

2.1.4
Da catarse grega à catarse psicodramática

O teatro grego era composto de dois gêneros teatrais – a tragédia e a comédia – e exercia um importante papel de controle social, principalmente a tragédia, que apresentava a catástrofe, o sofrimento e a destruição do herói que, em relação empática com o público, fazia-o sentir as dores e as consequências mediante um processo de identificação. A esse processo chamava-se *catarse* (do grego *katheiros* = rituais místicos de expurgar).

Figura 2.3 – Máscaras representando a tragédia e a comédia

Na filosofia, Platão utilizou o termo *catarse* e defendeu que o ato acontece mediante o uso da palavra. Destacou o poder do valor curativo do **logos**, que, segundo o filósofo, é um conjunto de conhecimentos capazes de formar uma inteligência cósmica e plena no ser humano. Acreditava-se que, por meio do poder persuasivo, seria possível adquirir a purificação e a harmonização da alma (Menegazzo, 1995).

Já Aristóteles trabalhou o conceito de catarse tendo como referência a tragédia grega e a definiu como um **mecanismo de purgação**, mobilizada pela empatia, pela identificação, pela compaixão e até pelo terror de ver-se na condição dos protagonistas das tragédias. Para que a catarse acontecesse, era fundamental que o público, ao ver a imitação de sua vida representada na ação dramática, criasse uma identificação por meio de um sentimento de solidariedade humana entre ele e o herói (Menegazzo, 1995).

Na comédia, por ser um gênero humorado, crítico e até burlesco, o processo de identificação também acontecia, porém o que se esperava era a chacota, a ridicularização, a sátira à vida social, às instituições políticas, aos costumes, aos hábitos, à moral, às figuras tradicionais da nobreza e aos fatos corriqueiros do momento. Eram textos compostos por versos, cantos e com a participação da plateia.

Freud também utilizou o conceito de catarse. Ele acreditava que esta consistia em estimular o paciente a **dar vazão** durante a sessão e deixá-lo falar e expor, verbalmente, todos os conteúdos retidos no inconsciente. Contudo, essa ideia, com o decorrer do tempo, foi abandonada, sendo resgatada posteriormente por Moreno, autor e criador do psicodrama.

Moreno (1975, p. 64) define *teatro* "mais como extensão da vida e da ação do que como imitação; mas onde há imitação a ênfase não está naquilo que imita, mas na oportunidade de recapitular problemas irresolvidos num contexto social mais livre, mais amplo e mais flexível".

No psicodrama, são destruídas as barreiras que separam os atores e a plateia, de modo que ambos podem vivenciar as catarses ativa e passiva de forma igualitária. Segundo Moreno (1975, p. 39), "dos antigos gregos, conservamos o drama e o palco; dos hebreus aceitamos a catarse do ator. O espectador converteu-se, ele próprio, num ator".

O conceito moreniano de catarse é a **catarse de integração**, que consiste em um processo de descarga emocional, de forma espontânea e criativa, no ato da dramatização e por meio do qual é liberado o afeto ligado à lembrança de um trauma, o que é capaz de anular os efeitos patológicos tanto do protagonista quanto da plateia.

2.2
Instrumentos do psicodrama

Segundo Moreno (1975, p. 61), "o psicodrama pode ser definido, pois, como a ciência que explora a 'verdade' por métodos dramáticos". Para que haja uma sessão de psicodrama, são necessários cinco instrumentos e quatro etapas, conforme veremos a seguir.

2.2.1
Palco ou cenário

É o local físico no qual ocorre a ação dramática. Ele deverá ser projetado para ser um espaço delimitado por uma padronização física, como uma fita ou um tapete. A ambientação deverá ser feita por meio da utilização de móveis e outros elementos de cena, que podem ser reais ou representados por almofadas e demais adereços. É fundamental que as convenções determinadas sejam compreendidas e aceitas por todos os participantes do grupo. Assim, o clima afetivo da cena pode ser explorado de forma convincente, criativa e imaginativa.

2.2.2
Sujeito ou protagonista

É o indivíduo que emerge do aquecimento inespecífico para a ação dramática. O protagonista simboliza e representa os sentimentos comuns que permeiam o grupo. Ele é escolhido e aceito pelo grupo para ser sociometricamente seu representante emocional, sociológico e psicológico.

2.2.3
Diretor

Essa função é exercida pelo terapeuta (no psicodrama terapêutico) ou pelo professor (no psicodrama pedagógico), que coordena a sessão psicodramática. O diretor tem três funções: diretor da cena, terapeuta do protagonista e professor do estudante.

2.2.4
Egos auxiliares

Em uma sessão de psicodrama, os egos auxiliares trabalham conforme orientação do diretor. Até que não sejam solicitados pelo diretor, eles devem funcionar como observadores atentos da cena, fixando aspectos particulares do grupo e do protagonista para que, quando solicitados, possam atuar de acordo com o projeto do diretor e da cena. Os egos auxiliares acompanham os movimentos à margem do centro de interesse e dos objetivos do diretor e do projeto do grupo ou do protagonista para, quando necessário e solicitado, contracenar com o grupo ou com o protagonista.

Há dois papéis diferentes exercidos pelos egos auxiliares. O ego auxiliar do diretor é um profissional escolhido por ele para ser o ego auxiliar do protagonista, ao passo que o ego auxiliar do protagonista é escolhido por este para atuar com ele na dramatização. Nessa realidade, o ego do protagonista possibilita que este tenha as experiências que deseja passar, mas não consegue vivenciar sozinho.

2.2.5
Grupo ou plateia

O grupo, ou plateia, participa de forma ativa, autêntica e democrática de todas as fases do processo de psicodrama, pois é dele que emerge o protagonista da dramatização. Esse componente poderá intervir no processo da direção quando o protagonista não estiver correspondendo às suas expectativas. O grupo participa como um coro e tem a função de

O teatro espontâneo de Moreno e outras modalidades paralelas 73

favorecer o clima emocional, proporcionando as condições necessárias e adequadas para auxiliar o protagonista em sua jornada durante a dramatização. O grupo, ou plateia, também é transformado e trabalhado na ação dramática por meio da identificação télica e da catarse de identificação.

2.2.6
Etapas do psicodrama

Vejamos, a seguir, as quatro etapas que constituem as fases de uma sessão de psicodrama.

Etapa 1: Aquecimento inespecífico

Consiste em exercícios físicos que possibilitam o aquecimento geral do corpo, a fim de que este tenha prontidão física para dar respostas imediatas, pertinentes e adequadas em qualquer situação que a ação na sequência possa exigir.

No psicodrama, essa fase tem como objetivo alcançar um nível de tensão apropriado para o momento e envolver o grupo para a atuação em um mesmo foco e objetivo, ou seja, criar um contexto grupal apropriado para a ação, catalisar as atenções e concentrações para os problemas pessoais e grupais, estimular a criatividade e a espontaneidade, aquecer para os trabalhos e atividades coletivos e grupais, organizar o grupo para a fase seguinte, além de localizar, potencializar e encorajar o protagonista.

Para esse intento, é fundamental a utilização de várias técnicas e jogos lúdicos e dramáticos, brincadeiras e dinâmicas de grupo, sempre atentando para os objetivos propostos.

Etapa 2: Aquecimento específico

Nessa etapa, o protagonista já está em atuação, e o objetivo é aquecê-lo para a dramatização. Em um primeiro momento, ocorre o aquecimento para o tema da dramatização e, posteriormente, para a organização da cena, a construção do cenário e a identificação dos personagens e dos respectivos papéis na cena.

Etapa 3: Dramatização

É o momento da encenação do tema apresentado pelo protagonista, no qual as técnicas psicodramáticas são aplicadas, e protagonista, diretor e egos auxiliares trabalham juntos na construção do projeto cênico e dramático do protagonista. O grupo e a plateia participam ativamente e, se solicitados pelo diretor, atuam como coadjuvantes do processo.

Na finalização, a dramatização encaminha-se para um clímax, quando o problema apresentado é resolvido dramaticamente, podendo ou não ser apoteótico e catártico, pois o diretor pode encerrar de forma tácita, quando os caminhos apresentados não são condizentes com a realidade do protagonista. Encerrada a sessão, a dramatização é comentada e compartilhada pelos participantes.

Etapa 4: Análise, comentário e compartilhamento

É o momento do desnudamento de todos os participantes do processo. O diretor incentiva-os e motiva-os a compartilhar suas identificações com a verdade e a realidade do protagonista, faz uma ligação entre as experiências dos protagonistas e suas experiências pessoais e torna comum as descobertas, as transformações e os conhecimentos dos protagonistas. Para que nosso processo de conceituação do psicodrama fique completo, é fundamental acrescentarmos a descrição do conceito teórico e técnico do psicodrama, pois, em razão das várias linhas de pensamento epistemológico que deram origem às diversas modalidades e estilos de trabalho, surgiram generalizações metodológicas no campo das ciências humanas, o que resultou em confusões conceituais que descaracterizaram o psicodrama e o conceberam como um procedimento meramente dramático.

> O psicodrama é um procedimento dramático específico que, apesar de sustentado por conceitos teóricos diferentes, os quais convergem em uma visão antropológica similar, estuda as condutas humanas entendidas como desenvolvimento de papéis complementares. Esse procedimento visa especificamente a investigação das dificuldades ou entraves ao desempenho livre, espontâneo, criativo e responsável de tais papéis. (Menegazzo, 1995, p. 174-175)

É fundamental, portanto, conhecer as teorias, os procedimentos e as técnicas que sustentam a teoria do psicodrama.

2.3
Contextos psicodramáticos e pedagógicos do teatro espontâneo

A palavra *contexto* é daquelas que só tem sentido quando associada a um contexto, com o perdão pelo trocadilho. Por exemplo, vamos tratar de um tema tendo como base um contexto político, econômico ou social. O contexto deve estar ligado a um fato ou a uma situação. A palavra só é palavra de verdade quando está inserida em um contexto. O contexto também pode ser tomado como uma referência de localização no tempo e no espaço e para a identificação de pessoas, conflitos, relações significativas do dia a dia e relações estabelecidas por meio de um ou de vários papéis que desempenhamos durante a existência. O contexto, no psicodrama, refere-se ao encadeamento das **vivências de indivíduos** que se inter-relacionam em determinado momento de espaço e de tempo. Nessa perspectiva, o psicodrama trabalha com três contextos.

2.3.1
Contexto social

Corresponde ao espaço geométrico, ao tempo cronológico real, no qual está a realidade social concreta, composta de tudo o que faz parte da vida real. Na teoria psicodramática, é conhecido como *matriz de identidade* ou *átomo social*, sendo o espaço no qual se estabelecem todas as relações da conserva cultural, constituída pelas normas culturais, morais, econômicas, sociais e políticas que influenciam a forma de ser e de viver do indivíduo.

2.3.2
Contexto grupal

É constituído pela realidade de um grupo, pelo tempo cronológico dentro de um intervalo preestabelecido e pelo espaço concreto, com situações e objetivos específicos para todos os integrantes. É nele que o trabalho de construção do contexto psicodramático começa e se desenvolve e poderá ser encaminhado para uma catarse de integração.

2.3.3
Contexto dramático

Segundo Mossmann e Conti (2019, p. 10), contexto dramático "é aquele constituído pela realidade dramática, pela realidade no 'como se', pelo tempo, espaço fenomenológico, subjetivo, virtual, construído sobre o espaço concreto, devidamente marcado. Tudo o que acontece nesse contexto vem do imaginário e da fantasia".

O contexto dramático deve ocorrer em um ambiente seguro, no qual os papéis psicodramáticos possam emergir e ser explorados com segurança, e pode agregar ou incorporar o contexto grupal, conforme o que for combinado entre o diretor e o grupo.

2.4
Teatro *playback*

O teatro *playback*, ou *playback theatre*, é uma modalidade de teatro criada e desenvolvida em 1975 por Jonathan Fox e sua esposa, Jo Salas. É uma forma inovadora de teatro, não convencional, em que atores e atrizes, por meio da mediação de um condutor[3], encenam e improvisam histórias que são contadas por pessoas da plateia. Atualmente, é praticado em mais de 70 países.

No Brasil, a companhia mais conhecida é a Dionisos Teatro, fundada em 1997 na cidade de Joinville e que atua na cena cultural brasileira e mundial. Suas apresentações já são conhecidas por milhares de pessoas. A companhia trabalha com pesquisa, oficinas do curso sobre a linguagem do teatro *playback* e já realizou diversas apresentações, além de desenvolver eventos e ações com ênfase para estudos e divulgação do teatro *playback*.

Os espaços físicos alternativos são os locais em que as histórias serão contadas, como escolas praças, igrejas e teatros. É fundamental que eles sejam aconchegantes e contem com toda a estrutura necessária para que as pessoas tenham conforto, higiene, bem-estar e tranquilidade para a vivência.

A utilização de espaços físicos alternativos torna o teatro *playback* um método versátil e simples, pois ele poderá ser realizado em qualquer lugar, seus materiais são adaptáveis e

• • • • •
3   O condutor é responsável por orientar o trabalho dos artistas de forma harmônica e enérgica.

só requer muita criatividade para sua execução. Para viabilizá-lo, é preciso de:

- um grupo de atores/atrizes preparados para essa modalidade de teatro;
- um grupo de músicos com instrumentos musicais;
- um condutor ou uma pessoa do grupo escolhida para esse papel;
- um cenário construído com objetos simples e poucos elementos, como caixotes, tecidos coloridos e adereços – se a apresentação for realizada em um teatro convencional, é possível utilizar luzes.

É fundamental que as pessoas sintam-se em um ambiente seguro, agradável e amigável para que possam compartilhar suas histórias com outras pessoas. Os atores devem exercer uma atuação que leve a plateia a esse caminho de forma natural e espontânea, mas consciente e de modo ritualístico.

2.4.1
Fases do teatro *playback*

Vejamos, a seguir, quais são as principais fases do teatro *playback*.

Fase 1: Apresentação inicial

É o momento em que o grupo se apresenta, o condutor inicia o ritual de abertura, explica o que é *playback*, sua importância, como funciona e as regras do jogo.

O ritual de abertura segue um roteiro predeterminado e tem os seguintes pressupostos:

- música de abertura ou atores cantando em coro;
- fala de abertura do condutor;
- apresentação da plateia;
- técnica de quebra-gelo;
- participação da plateia;
- compartilhamento de histórias;
- a experiência do teatro *playback* é única;
- o resultado final ninguém sabe;
- a troca é tudo.

O condutor pergunta à plateia: "Como vocês estão se sentindo neste momento?". Os *performers* realizam encenações curtas, chamadas de *short forms* do teatro *playback*[4].

Fase 2: Narração da história e entrevista

Essa fase é considerada a mais importante do teatro *playback*, sendo construída pelo condutor. Ele anuncia a importância de uma história, o respeito que se deve ter por ela e o que ela significa no momento. Apresenta solenemente a cadeira do narrador, que está posicionada no lado esquerdo do palco, na frente, ao lado da cadeira do condutor. Ambas as cadeiras estão com as frentes voltadas para o centro do palco. Do lado direito do palco, ao fundo, deve haver uma bancada baixa com instrumentos musicais disponíveis para os músicos e,

---

4   As *short forms* do teatro *playback* são cenas curtas e rápidas que apresentam formas e modalidades variadas, feitas com base em depoimentos das pessoas acerca de como elas se sentem em determinado momento e contexto específico.

um pouco mais atrás ou em paralelo à bancada dos músicos, dependendo do espaço, deverão estar dispostos caixotes de diversos tamanhos, que poderão ser usados para compor cenários.

Figura 2.4 – Exemplo de cenário

O narrador é convidado a sair do lugar comum e ocupar um lugar privilegiado, de destaque, ou seja, uma cadeira especial ao lado do condutor para narrar sua história.

O condutor deverá frisar, nesse momento, que a história a ser narrada deve ser algo que realmente aconteceu, isto é, um fato que tenha ocorrido com o narrador. Uma premissa muito importante é que a história deve ser real, mas não necessariamente alegre ou triste. Todas são bem-vindas no teatro *playback*.

Quando o narrador estiver em sua cadeira, o condutor inicia uma entrevista, perguntando informações a respeito de sua história, a fim de que ela torne-se clara para os atores e para a plateia. O narrador, então, escolhe, entre os atores, quem vai desempenhar os papéis e representar os personagens de sua história.

Enquanto o narrador conta sua história, o condutor poderá interrompê-lo para fazer perguntas de esclarecimentos. Suas perguntas-chave vão girar em torno de: "O quê?", "Quem?", "Onde?", "Quando?", "Como?" e "Por quê?".

Fase 3: Encenação da história

Ao término da entrevista, tudo muito bem esclarecido, o condutor diz: "Vamos ver?". Esse sinal é para que os atores comecem a improvisação. A música inicia-se e, ao som dela, todos organizam-se em seus respectivos lugares. A música para. E a cena começa.

O objetivo do teatro *playback* é ser o mais fiel possível à história narrada. Por isso, é fundamental a preparação técnica dos atores, bem como sua intuição e sua capacidade de criação e improvisação.

Ao final, os atores voltam-se para o narrador e o condutor pergunta se a cena atendeu às suas expectativas. Caso ele não tenha considerado satisfatória, poderá orientar os atores como corrigir, para que estes refaçam a cena de acordo com a sugestão do narrador.

Fase 4: Encerramento ou finalização

Esse momento é considerado muito delicado, pois é o condutor quem controla o tempo, o clima da plateia e se haverá ou não outra história. Há várias maneiras de finalizar ou encerrar uma apresentação, porém todas devem ser curtas, com uma fala do condutor que aponte para uma síntese da história. Pode-se utilizar música ou compartilhar a experiência vivida.

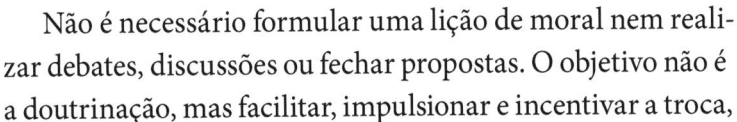

Não é necessário formular uma lição de moral nem realizar debates, discussões ou fechar propostas. O objetivo não é a doutrinação, mas facilitar, impulsionar e incentivar a troca, o diálogo comunitário e coletivo, de modo que as pessoas possam desenvolver a escuta ativa, a empatia, a vitalidade, a esperança, o amor e a solidariedade ao próximo.

Você gostaria de experimentar o teatro *playback* ou já tem experiência e gostaria de aprofundar seu conhecimento? Saiba mais em: Dionisos Teatro (2020).

2.5
O teatro do oprimido de Augusto Boal

Augusto Boal foi um consagrado dramaturgo e diretor de teatro, militante das causas sociais e fundador da metodologia do teatro do oprimido, cujo objetivo é articular o teatro a uma **ação social** e realizar um trabalho de conscientização do ser humano pela via da educação, da emancipação política e da saúde mental, a fim de libertá-lo de todas as formas de opressão.

Augusto Boal (1931-2009)

Boal foi professor em várias universidades e escolas, entre elas Sorbonne Nouvelle-Paris III, Universidade da Califórnia, New York University, Hochschule der Kunste de Berlin e Escola de Arte Dramática de São Paulo.

É autor, entre outras obras, de *Teatro do oprimido* (publicado em 35 línguas); *Jogos para atores e não atores*; *Stop: C'est Magique* (Pare: é mágico), *Técnicas latino-americanas de teatro popular;* e *O arco-íris do desejo*, que abordam suas relações com a política, a educação e a psicoterapia de grupo. Também escreveu livros de ficção, como *Milagre no Brasil*; *Crônicas de nuestra América*; *Jane Spitfire*; e *O suicida com medo da morte*.

Boal foi diretor de várias peças de teatro, atuou em diversos países e no teatro nacional de Nova York e recebeu o prêmio da associaçãos de críticos de Nova York.

Dirigiu espetáculos em países como Argentina, Uruguai, México, Portugal e Estados Unidos, além de ter sido, durante 15 anos, diretor artístico do Teatro de Arena de São Paulo, onde escreveu e dirigiu dezenas de peças e espetáculos. Foi autor de peças teatrais como *Torquemada*; *Revolução na América do Sul*; *Murro em ponta de faca*; e *Tio Patinhas e a pílula*, entre outras traduzidas para várias línguas.

Foi responsável pela direção de vários grupos de teatro, com o Teatro de Arena, de São Paulo (1956-1971); o Manchete, de Buenos Aires (1971-1973); o A Barraca, de Lisboa (1976-1978); e, de 1979 até 2009, ano de sua morte, o Centré du Théâtre de L'Oppimé-Augusto Boal, de Paris, e o Centro do Teatro do Oprimido, do Rio de Janeiro, em funcionamento até hoje.

Como escritor, deixou, só no Brasil, mais de 20 livros escritos, entre eles *Teatro do oprimido e outras poéticas políticas*; *200 exercícios para ator e não ator com vontade de dizer algo através do teatro*; e *Estética do oprimido*, seu último livro, finalizado quatro dias antes de sua morte e considerado seu testamento.

Boal, por meio de sua teoria e de suas sistematizações, também ficou consagrado no mundo terapêutico. Em 1989, foi convidado a apresentar, em Amsterdã, na Holanda, a conferência inaugural do X Congresso Internacional de

Psicoterapias de Grupo. Participaram desse evento mais de 1.200 psicoterapeutas de todo o mundo. Além do pronunciamento, Boal ofereceu aos conferencistas uma oficina para demonstrar algumas de suas técnicas.

Em 2008, foi indicado ao Prêmio Nobel da Paz. Em 2009, foi reconhecido pela Unesco como Embaixador Mundial do Teatro. Faleceu em 2 de maio de 2009, aos 78 anos, vítima de leucemia e insuficiência respiratória.

Boal é reconhecido no mundo inteiro, valorizado por sua maneira única e incrível de, utilizando suas técnicas e práticas teatrais, ter revolucionado o teatro contemporâneo, dando-lhe um novo papel social: o de ser um **instrumento de libertação social**, que busca a democracia por meio de um ato participativo e criativo. No auge da consolidação do teatro do oprimido, o Brasil vivia uma ditadura civil-militar, e a arte era um dos principais instrumentos de comunicação, organização e conscientização do povo.

Deixou um grande legado para a humanidade. Sua participação histórica no Teatro de Arena, em São Paulo, de 1956 a 1970, tornou esse teatro uma referência no Brasil. Suas concepções, ideias e práticas são até hoje estudadas nas principais escolas de teatro do mundo. Por exemplo, o livro *Jogos para atores e não atores* trata de um sistema de exercícios, jogos e dinâmicas corporais com o objetivo realizar um treinamento de corpo e voz por meio de monólogos. Estes podem ser trabalhados nos exercícios de preparação de atores ou utilizados em qualquer atividade escolar ou empresarial, na forma de sociodrama ou psicodrama, para a prática de aquecimento ou de trabalho corporal e vocal. Segundo o autor, todos os seres humanos são atores, porque atuam, são espectadores e observam.

2.5.1
O que é o ser humano para Augusto Boal?

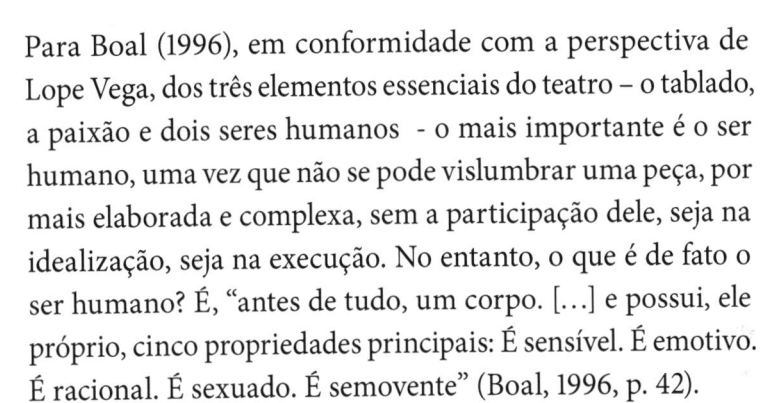

Para Boal (1996), em conformidade com a perspectiva de Lope Vega, dos três elementos essenciais do teatro – o tablado, a paixão e dois seres humanos - o mais importante é o ser humano, uma vez que não se pode vislumbrar uma peça, por mais elaborada e complexa, sem a participação dele, seja na idealização, seja na execução. No entanto, o que é de fato o ser humano? É, "antes de tudo, um corpo. [...] e possui, ele próprio, cinco propriedades principais: É sensível. É emotivo. É racional. É sexuado. É semovente" (Boal, 1996, p. 42).

A sensibilidade, primeira e relevante característica apontada, possibilitada pelos cinco sentidos e aperfeiçoada com a experiência, é o que difere o humano de objetos inanimados. É devido à sensibilidade que os sujeitos podem experienciar sensações e reagir a elas, no palco ou no cotidiano, de acordo com o que neles despertam: medo, felicidade, fúria etc.

Por baixo das vestes e dos adereços, aquele corpo humano é coberto de pele e está sempre despido, vulnerável. É essa pele, referente ao sentido do tato, a qual o envolve que está (ou pelo menos deveria estar) em contato direto, tanto positivo quanto negativo, com o mundo exterior. Já os sons, ruídos, canções etc. emitidos perto ou longe do corpo são captados pela audição, enquanto a vastidão de cores, traços e formas marca e encanta a visão. O cheiro e o sabor, identificados pelos sentidos do olfato e do paladar, evocam memórias e igualmente suscitam emoções, porém quase não são explorados no palco.

Acerca desses cinco sentidos, Boal (1996) chama atenção para sua insensibilização, ou seja, para o mero enxergar, tocar, ouvir e sentir como prática biológica, como recepção automática e irrefletida de estímulos, a qual não podemos, é evidente, cessar e controlar. Para combater/superar isso e passar a ver, escutar e sentir conscientemente, o autor sugere o exercício e estímulo contínuo desses sentidos, quer dizer, se fazer presente de fato nas situações.

Além de sensível, o corpo é, como frisamos antes, emotivo e racional. Em outras palavras, o ser humano é capaz de compreender, de decidir, de acertar e de errar; e as ideias que perpassam sua mente provocam emoções e essas, por sua vez, geram sensações de prazer ou de dor. Isso quer dizer que, conforme Boal (1996), não há uma real cisão entre essas zonas ("razão" e "emoção"), mas uma mescla, uma interpenetração constante entre elas. Se houvesse uma divisão em regiões, teríamos: i) **consciente**: tudo o que sabemos sobre o universo circundante e somos capazes de verbalizar e explicar; ii) **subconsciente** ou **pré-consciente**: nomenclatura proveniente dos estudos de Stanislawsky e Freud, respectivamente, que remete a situações fora da consciência no momento, mas que podem a ela retornar e serem verbalizadas; e o iii) **inconsciente**: que corresponde a ideias, desejos etc. manifestados apenas nos sonhos, nas alucinações, nos mitos e, claro, no teatro, nas grandes obras artísticas (Boal, 1996). Nesse sentido, o inconsciente atua como uma válvula de escape.

Mesmo com essa hipotética divisão, o humano segue uno e dentro dele "tudo é potência, impossível seria manifestá-la em todos os seus desejos. Dentro de nós temos tudo: somos uma pessoa. Porém tão rica e multifacetada, tão violenta, torrencial, intensa e multiforme, que temos que coibi-la" (Boal, 1996, p. 49). Tal coerção se dá de muitas maneiras, pela moral coletiva ou subjetiva, podando a expressão e a criatividade. Assim, sofremos uma brutal redução de quem somos, nomeada por Boal (1996) como personalidade, pois pouco é aquilo que podemos realmente concretizar em atos.

Ao marcar presença na plateia, não queremos assistir a figuras "saudáveis", típicas do cotidiano. Por essa razão, ser ator, figura que também é, como nós, um ser humano multifacetado, é perigoso. Perigoso porque é justamente na riqueza do inconsciente que ele buscará seus personagens, porque, com isso, o ator rompe todas as barreiras morais e sociais e, nas palavras de Boal (1996), explode a tal panela de pressão, permitindo que fujam todos os santos e demônios que lá habitam. Nessa perspectiva, o teatro é o instrumento, legítimo e permitido, é o fogo que aquece e estoura esse invólucro.

2.5.2
Teatro do oprimido

No princípio, o teatro era o canto ditirâmbico, com o povo livremente cantando ao ar livre. Era o Carnaval, a festa. Depois, as classes dominantes apropriaram-se do teatro e construíram muros divisórios: dividiram o povo, separando atores (os que atuam) e espectadores (os que assistem passivamente).

No teatro do oprimido, o povo novamente conquista a liberdade e o teatro como uma manifestação popular. Para isso, é necessário derrubar muros. O espectador volta a representar e a atuar por meio do teatro invisível, do teatro foro e do teatro imagem. Boal (1998), então, desenvolveu uma metodologia denominada *sistema coringa*, que consiste em uma proposta de encenação na qual diferentes atores assumem um mesmo personagem.

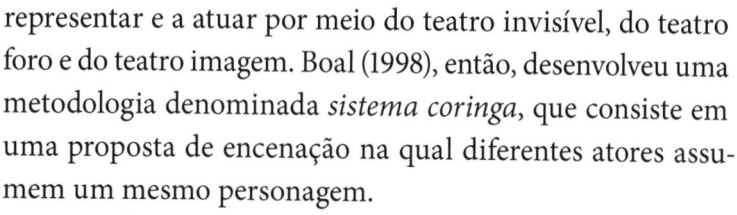

Nessa forma de representação, ocorre um distanciamento[5] do ator em relação ao personagem e do personagem em relação ao público e vice-versa. Ao assumir vários personagens, o ator não cria um vínculo nem uma identificação com o personagem, e isso também ocorre com a plateia, evitando-se, assim, a catarse de identificação.

O teatro do oprimido caracteriza-se por esses dois princípios: (1) compor-se de um sistema de exercícios físicos, jogos estéticos e improvisações a fim de resgatar, desenvolver e redimensionar a vocação humana de fazer teatro; e (2) tornar o teatro um grande e eficaz instrumento de comunicação, educação e conscientização. O legado de Boal para a humanidade foi contribuir, por meio do teatro, para a construção de um novo homem, de uma nova mulher e de uma nova sociedade.

• • • • •
5 *Distanciamento, ato de distanciamento, efeito de distanciamento* ou *efeito V* é um recurso ou uma técnica de dramaturgia, criada pelo dramaturgo alemão Bertold Brecht, que consiste em quebrar o naturalismo do teatro convencional e criar situações em que não haja possibilidade de que o público entre em sintonia e empatia com o personagem que está em cena, ação essa que, no teatro aristotélico, levaria-o à catarse de identificação. O objetivo do método é manter o público participando ativamente, conscientemente e de forma racional do espetáculo (Brecht, 1978).

2.5.3
Teatro invisível

O teatro invisível deve ser organizado, preparado, planejado e estruturado como uma apresentação normal, com atores que vão interpretar seus personagens, com as respectivas caracterizações, enredo etc.

Imagine que está tudo pronto, como se fosse uma apresentação para um teatro convencional. No entanto, a cena acontece e é representada no local real, onde poderia ocorrer, como um ônibus, uma praça, uma escola ou um banco. A cena é representada da forma mais natural e realística possível, dando a entender para o público que é algo real. A proposta é que o público interaja com o protagonista diante dos acontecimentos. Contudo, também pode ficar apenas observando, mas é ele quem decide. Toda e qualquer ação do público deverá ser uma atitude livre e voluntária.

O objetivo do teatro invisível é tornar visível uma injustiça, uma situação difícil de ser trabalhada, uma opressão ou um sentimento que está incomodando o coletivo.

A ação dos atores deve ser planejada e devem ser observadas as várias possibilidades de ação e reação. Os atores jamais podem cometer qualquer ato de violência ou intimidação do público, e a liberdade deve prevalecer. A ação ou reação do ator nunca pode ser contra os espectadores, já que trata de revelar suas atitudes, comportamentos e sentimentos. É preciso estar preparado para tudo. Afinal, o objetivo é mostrar as mazelas sociais e tratá-las.

As cenas devem ser teatrais e desenvolvidas com e sem a participação do público. Os atores precisam desenvolver o texto original e preparado, mas também devem ser capazes de improvisar encaixando as intervenções do público, pois é aí que vão aparecer os conteúdos e os temas a serem trabalhados.

Uma apresentação de teatro invisível deve sempre incluir alguns atores-coringa, que não participam da ação central nem atuam como protagonistas, porém estão inseridos no meio do público, controlam a cena de fora, estimulando sua participação. Quando necessário, entram na cena e atuam como personagens, estimulando o debate com o público.

É necessário tomar medidas para que não haja problemas com a lei. Jamais se deve praticar uma ação ilegal, pois o objetivo do teatro invisível é questionar e refletir acerca da legitimidade da legalidade. Se estamos questionando regras, temos de ser exemplo e cumpri-las.

2.5.4
Teatro foro

O teatro foro é a representação de uma situação, de uma história ou de um fato relatado por uma pessoa e escolhido por todos, público e atores. A situação pode estar relacionada a qualquer tema que esteja associado às necessidades sociais ou psicológicas, pois, segundo Boal (1998), todos os problemas sociais são discutidos e vividos por indivíduos psicológicos, e todos os problemas e temas psicológicos ocorrem em um mundo social.

O tema escolhido deve contemplar situações de opressão e conflito que poderiam ser vividas por todos ou com as quais a maioria dos participantes se identificaria, ou seja, a situação escolhida deve representar a maioria dos envolvidos na representação. Escolhido o tema, ele será encenado pelo grupo de atores, que, no momento mais dramático do conflito, fará uma pausa na representação e pedirá a ajuda do público. No público, se alguém tiver uma sugestão para resolver o problema, pode manifestar-se, sendo convidado a ir ao palco e representá-la junto aos atores. O coringa, nesse momento, é a pessoa que fará a ligação entre os atores profissionais e o público. É ele quem destrói a divisão da quarta parede, isto é, entre atores e público.

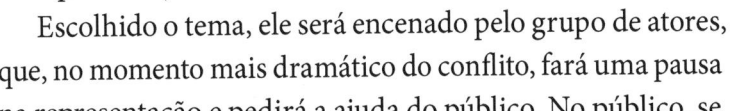

Antes de começar o teatro foro, é necessário realizar exercícios de relaxamento e concentração objetivando o aquecimento e a participação plena e adequada dos participantes. O responsável por esse momento é o coringa. Em seguida, o coringa narra uma série de relatos pessoais de situações de opressão e de conflito que são comuns à plateia. Depois dos relatos, plateia e atores, juntos, escolhem uma situação para ser representada.

2.5.5
Teatro imagem

O teatro imagem é constituído de um conjunto de exercícios divididos em cinco categorias e cuja finalidade é desenvolver a capacidade de observação, diálogos por meio da comunicação visual entre duas ou mais pessoas e, consequentemente, a criação de outras formas de comunicação e interação interpessoal.

Nos exercícios e jogos de imagens, é proibida a utilização simultânea das linguagens visual e verbal, evitando-se, inclusive, gestos óbvios, como *ok, sim, não* e *pare*. Entre as principais categorias de jogos e exercícios, podemos mencionar: sentir tudo o que se toca, escutar tudo o que se ouve, estímulos de vários sentidos, ver tudo o que se olha e memória dos sentidos.

Síntese

Neste capítulo, apresentamos uma retrospectiva histórica acerca da importância do ato de representar para o ser humano e como essa necessidade expande-se e consolida-se na teoria moreniana, no teatro espontâneo e no psicodrama. Investigamos e abordamos as modalidades de uma concepção de teatro que rompe com as estruturas tradicionais e se propõe a ser um instrumento de comunicação e de transformação social, como o teatro *playback* e a teoria do teatro do oprimido de Augusto Boal, da qual fazem parte o teatro invisível e o teatro foro.

Atividades de autoavaliação

1. Analise as assertivas a seguir e indique V para as verdadeiras e F para as falsas:
   ( ) A prática de representação como uma necessidade primária de sobrevivência, de manifestação lúdica ou mágica, mística ou divina, e/ou como uma ferramenta de comunicação sempre esteve presente na história do ser humano.

( ) O teatro grego surgiu no século VI a.c., em decorrência das festas em homenagem a Dioniso, também conhecido como Baco, deus do vinho, da fertilidade, da agricultura e dos ciclos vitais, contrapondo-se à homofagia, isto é, à festa da carne.
( ) O teatro grego surgiu com objetivos sagrados e pretendia combater as festas profanas que aconteciam durante a primavera.
( ) Téspis é considerado o primeiro ator oficial da história, por ter representado, por meio de máscaras, o deus Dioniso durante uma festa grega.

Agora, assinale a alternativa correspondente à sequência correta:

a) F, F, F, V.
b) V, F, V, F.
c) V, V, F, F.
d) V, F, F, V.
e) F, V, V, V.

2. Assinale a alternativa correta para o significado de catarse:
   a) Ao apresentar a catástrofe, o sofrimento e a destruição do herói, o teatro grego pretendia que, em catarse, o público se distanciasse dele.
   b) Segundo Platão, a catarse acontece mediante o poder persuasivo do uso da palavra, que leva à purificação e à harmonização da alma.
   c) Para Aristóteles, a catarse é um mecanismo de ilusão das pessoas por meio da purgação, da empatia, da identificação e da compaixão em relação ao herói.

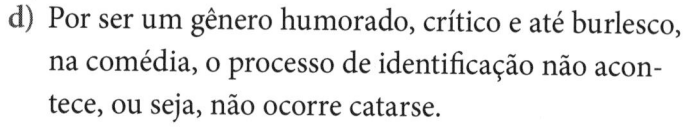

d) Por ser um gênero humorado, crítico e até burlesco, na comédia, o processo de identificação não acontece, ou seja, não ocorre catarse.

e) Para Moreno, a catarse não deve ser utilizada em sessões psicodramáticas porque prejudica recapitular problemas não resolvidas em um contexto social mais livre, amplo e flexível.

3. Indique a alternativa correta sobre o teatro espontâneo:
   a) No teatro espontâneo, somente os atores participam, enquanto a plateia apenas assiste, não podendo interferir nem participar da cena dramática.
   b) O teatro espontâneo desenvolveu-se a partir do teatro terapêutico, com o caso Bárbara.
   c) Apesar do nome, no teatro espontâneo, a dramatização não ocorre de forma improvisada, espontânea e criativa, mas é muito bem planejada.
   d) O teatro espontâneo surgiu como uma verdadeira revolução no teatro convencional, substituindo os textos prontos, acabados, ensaiados e decorados.
   e) Os cenários tradicionais aparecem em contextos e lugares abertos, representativos e simbólicos da vida dos atores.

4. Analise as assertivas a seguir e indique V para as verdadeiras e F para as falsas:
   ( ) No teatro pedagógico, não são trabalhadas as emoções e os sentimentos dos alunos, somente as dificuldades relacionadas aos conteúdos programáticos curriculares e extracurriculares.

( ) Por meio do teatro pedagógico, é possível solucionar os problemas de relacionamentos pessoais e interpessoais e de desempenho dos alunos, como desânimo, desmotivação, violência, intolerância e *bullying*.

( ) No teatro pedagógico, os egos auxiliares diretos dos alunos podem ser escola, professores, coordenadores, diretores, pedagogos e funcionários.

( ) No teatro pedagógico, é fundamental trabalhar com todos os sujeitos do tripé família, escola e estudante.

Agora, assinale a alternativa correspondente à sequência correta:

a) F, F, F, V.
b) V, F, V, F.
c) V, V, F, F.
d) V, F, F, V.
e) F, V, V, V.

5. Assinale a alternativa correta acerca dos instrumentos do psicodrama:
   a) O palco, ou cenário, é o local no qual ocorre a ação dramática. Ele pode ser delimitado por um meio físico, como uma fita ou um tapete.
   b) O protagonista é determinado pelo diretor da dramatização por meio de aquecimentos específicos e pelo uso da sociometria.
   c) O papel de diretor da dramatização de psicodrama é exercido pelo sujeito que emerge do aquecimento inespecífico.

d) Os egos auxiliares são escolhidos pelo diretor entre aqueles que estão acompanhando a dramatização.

e) Na dramatização psicodramática, a plateia apenas observa o desenrolar da encenação, não podendo interferir para não prejudicar ou desconcentrar o protagonista.

Atividades de aprendizagem

Questões para reflexão

1. Elabore um texto dissertativo explicando a diferença entre aquecimento específico e inespecífico e como podem ser feitos.

2. Organize um projeto de atuação utilizando as seguintes modalidades: teatro espontâneo, teatro *playback*, teatro invisível e teatro foro. O projeto poderá ser realizado em escolas, com o objetivo de discutir a questão da violência nesses espaços; em empresas, a fim de trabalhar as relações interpessoais no trabalho; e em comunidades, de modo a abordar a força da união.

Atividade aplicada: prática

1. Pesquise um local em sua cidade que ofereça sessões de psicodrama para participação pública. Participe, analise e organize um relatório apontando a importância dos elementos e suas interações durante a sessão; as fases de uma sessão de psicodrama e os resultados alcançados; e suas impressões pessoais e profissionais sobre a viabilidade do psicodrama para seu papel profissional na psicopedagogia.

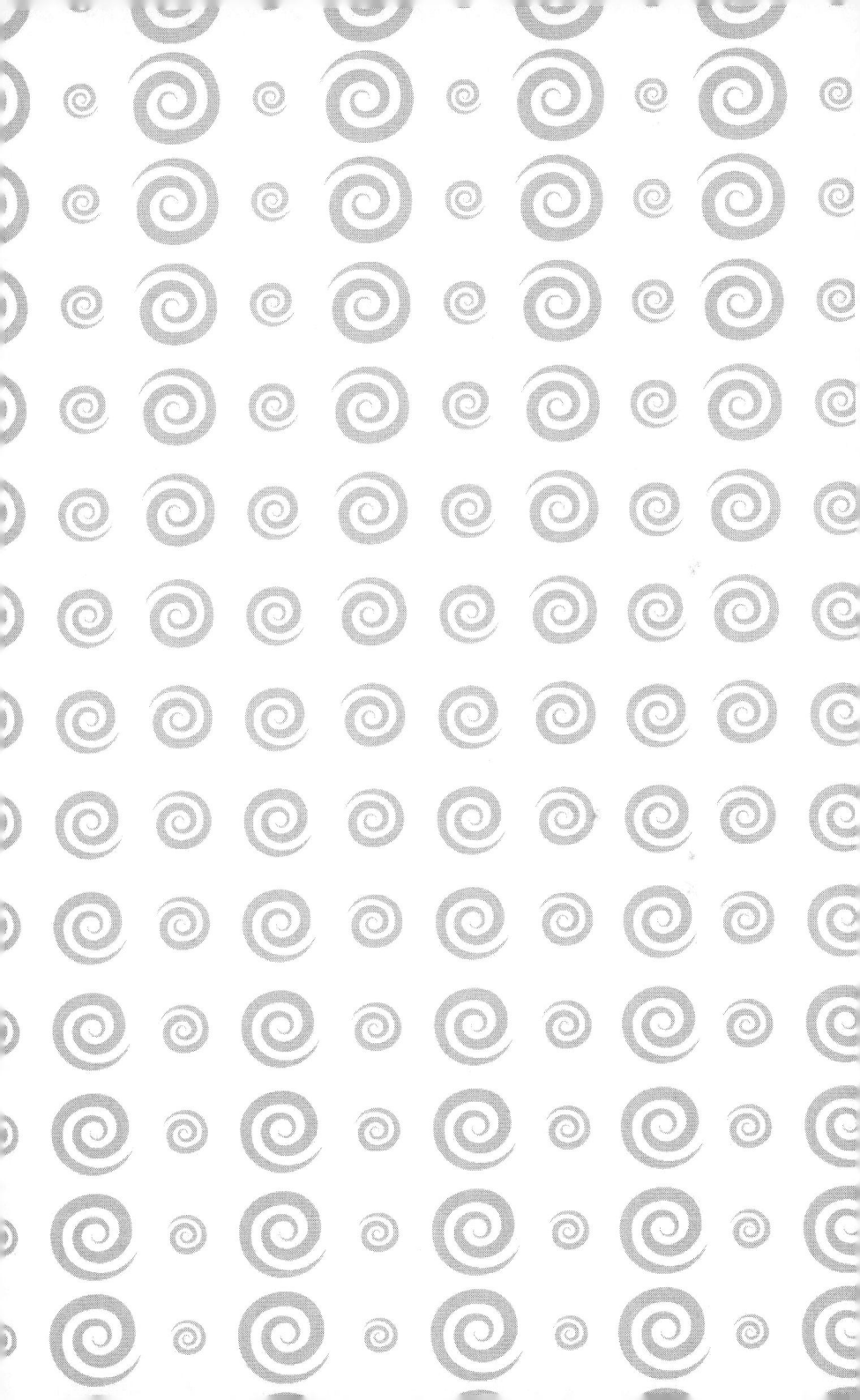

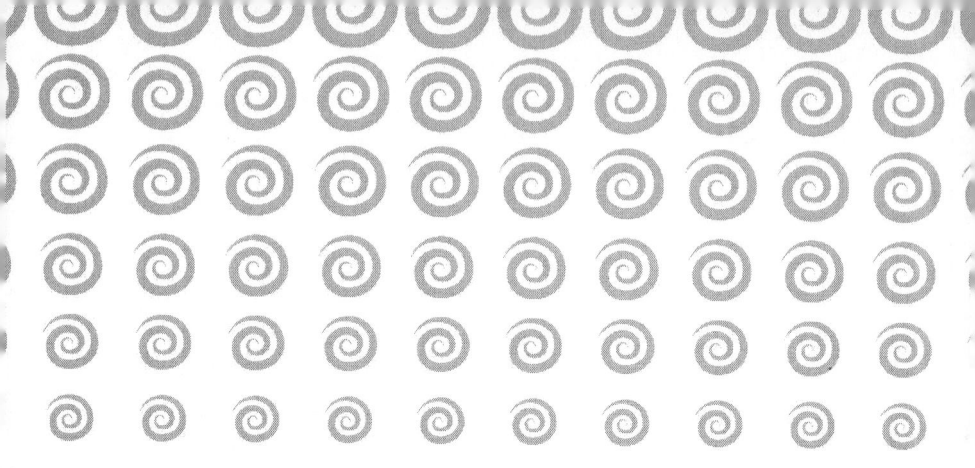

3
Conceitos e práticas fundamentais do psicodrama e sua importância para a psicopedagogia

Neste capítulo, analisaremos as bases conceituais do psicodrama, integrantes da teoria psicodramática de Moreno. Destacaremos os conceitos de espontaneidade, tele, papel, realidade suplementar e socionomia, esta última desdobrando-se em sociometria, sociodinâmica, sociatria e sociodrama.

3.1
Espontaneidade e criatividade

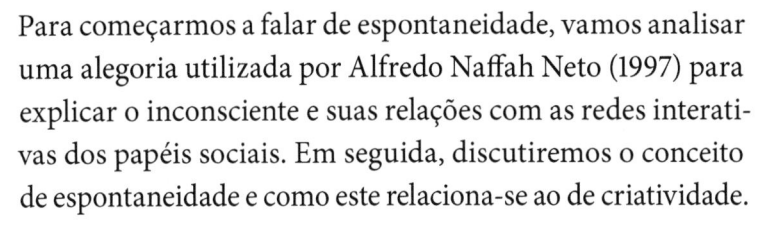

Para começarmos a falar de espontaneidade, vamos analisar uma alegoria utilizada por Alfredo Naffah Neto (1997) para explicar o inconsciente e suas relações com as redes interativas dos papéis sociais. Em seguida, discutiremos o conceito de espontaneidade e como este relaciona-se ao de criatividade.

> O inconsciente é como um grande palco obscuro, com refletores que só iluminam um protagonista por vez e por onde caminham atores fantasiados, recitando os papéis de uma peça da qual desconhecem a trama, o enredo, a intriga. Cada um vê todos os outros isoladamente e por isso é difícil descobrir a trama que os une. Se cada um deles não estivesse ofuscado pelos refletores e preocupado em alisar a fantasia que o veste, perceberia, entretanto, que a sequência das ações e dos diálogos pode revelar o enredo da peça. Na obscuridade do palco, porém, é difícil descobrir qual é a própria fantasia e por isso cada um deles acredita-se o autor principal em torno do qual a peça deve girar; o que aumenta sua preocupação com a aparência da fantasia e o coloca à espera de que alguém lhe conceda o lugar. Outros invadem a vez dos outros e tentam determinar o texto que devem recitar. E há os que acreditam que não estão em foco porque não são suficientemente "bons" e que devem submeter-se às exigências dos mais fortes para ganhar um lugar à luz. Todos, entretanto, não percebem que o texto já está escrito e que suas fantasias refletem no fundo o papel que nele desempenham.

Se o percebessem, perceberiam também que as fantasias não estão coladas no corpo, que cobrem corpos nus e que tudo não passa de uma grande peça. E, gradativamente, poderiam ir se despindo roupa por roupa até conseguirem enxergar-se como são e como estavam vestidos, pois seus olhos se acostumariam à obscuridade e eles poderiam ver. E então, percebendo o enredo da peça, desenredar-se-iam, pesquisando sua trama encontrariam seus vãos, revelando sua intriga evitariam cilada. E veriam que na escuridão existe uma réstia de luz, que das fantasias antigas resta um material flexível para as mais variadas criações e que o enredo da peça pode ser rescrito, mas que reescrevê-lo exige um esforço conjunto de troca, de abertura ao outro e à realidade na qual todos estão inseridos. Mas existe o refletor, existe o ofuscamento e existe o medo de ver-se despido. Por isso muitos permanecem durante toda a vida apertados em suas fantasias, esperando e brigando pelos refletores e enredados numa peça cujo enredo nunca chegam realmente a conhecer. (Naffah Neto, 1997, p. 119-120)

Quando nascemos e estreamos para o mundo, encontramos quase tudo pronto: um **cenário**, que caracterizamos como o contexto social, cultural e histórico no qual nascemos, viveremos e estaremos inseridos; os **palcos da vida**, onde vamos atuar nos vários **papéis** que poderemos representar, de filhos, irmãos, estudantes, amigos, amantes, esposos e profissionais, entre outros, de acordo com cada necessidade dos papéis; e os **enredos**, que estarão predeterminados e marcarão nossa existência.

Nossa existência tem como base e resultado um produto inacabado de um esforço criativo construído historicamente e aceito socialmente, o qual Moreno denominou *conserva cultural*. Essa expressão é utilizada por Moreno para indicar uma ação criadora realizada em determinado momento histórico e que passará a fazer parte do patrimônio cultural, artístico, social, econômico, tecnológico e político de uma sociedade.

Parte-se de um longo período de processo de criação e desenvolvimento espontâneo, que se inicia no ato espontâneo e continua até o produto adquirir forma definitiva, isto é, até o momento em que será transmitido como conserva cultural. Porém, uma conserva cultural poderá ser motivação para outro processo de espontaneidade criadora, gerando um novo produto ou uma nova ação criadora, que constituirá uma nova conserva cultural, e assim sucessivamente, de forma infinita. Também são consideradas conservas culturais a cultura de uma sociedade, a educação, as normas estáticas de conduta e os papéis sociais estereotipados (Menegazzo, 1995).

Os principais mecanismos de perpetuação das conservas culturais em nossa sociedade são a educação, a moral, os costumes e a cultura, que modelam os atores sociais por meio das instituições sociais, como a família, a Igreja, a escola e o Estado. Assim, a liberdade de criação, que é a essência do ser humano, é gradativamente substituída por farsas, ilusões e patologias psicológicas e sociais do ser humano.

Um dia, o ser humano percebe-se na escuridão de um imenso palco, onde ele e outros indivíduos perambulam sem destino e sem vida própria, alienados de tudo e de todos, considerados apenas mais uma peça de uma engrenagem social que desempenha papéis inúteis e fúteis, às vezes sem foco, mas sempre ofuscados pelas luzes da ribalta. Esses papéis impedem os indivíduos de ver a si mesmos e aos outros, na maioria das vezes isolados no escuro, com a ilusão e a fantasia de estar na cena principal, atuando como protagonistas de sua história, na qual nem sempre a verdade, a justiça e a solidariedade fazem parte do enredo. Mas eles não desistem, pois mantêm a ilusão de que tudo dará certo e que o herói os salvará, colocando-os em evidência, pois acreditam que milagres existem.

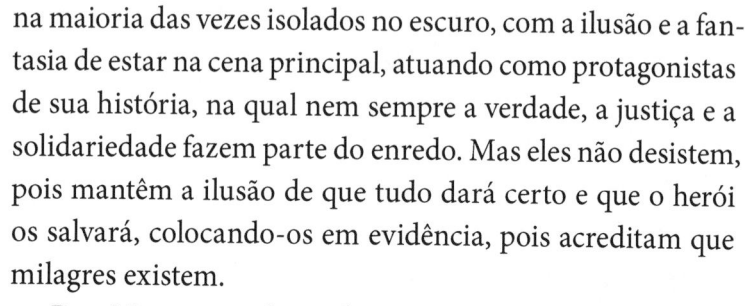

Para Moreno, porém, milagres não existem. Buscamos no projeto moreniano uma resposta transformadora e libertadora, que está na construção de novos *scripts*, mais **espontâneos e criativos**. Somente o desenvolvimento da espontaneidade e da criatividade podem dar início a um novo enredo.

A palavra *espontaneidade*, segundo Martin (1984), vem do latim *sponte* (desde dentro) e designa a resposta adequada a uma situação nova ou uma nova resposta a uma situação antiga. Para o autor, *espontaneidade* e *criatividade* são termos intimamente relacionados na teoria moreniana, pois "sem criatividade a espontaneidade do universo tornar-se-ia vazia e estéril; sem espontaneidade a criatividade do universo se limitaria a um ideal sem eficácia e sem vida" (Martin, 1984, p. 157).

A **teoria da espontaneidade** é um conceito influenciado pelo teatro e uma das pedras angulares da teoria moreniana. Moreno revolucionou o teatro oficial com o fim da divisão entre atores × autor e plateia × atores. Ele utiliza a improvisação para a resolução de conflitos e o palco terapêutico como categoria de tempo, espaço e realidade. O teatro da espontaneidade, ou teatro vivo, começa e termina no aqui e agora, ou seja, na dinâmica do presente e de todas as suas implicações pessoais, sociais e culturais imediatas, em que o autor busca o desenvolvimento pessoal e social do ser humano.

Essa tendência, na obra moreniana, vem da influência da filosofia existencialista e fenomenológica. Moreno centralizou sua teoria e prática na filosofia do encontro, do ato e da concepção do momento. Para o autor, o ser humano é inacabado, em constante processo de desenvolvimento e em busca permanente de transformação. O ponto crucial é que o ser humano é um ser em relação e com capacidade de criar vínculos. O ser humano existe e se realiza por meio dos papéis que desempenha na sociedade. Esses papéis, por sua vez, são uma fusão entre os elementos individuais e coletivos, que são compostos de denominadores coletivos e diferenciais individuais (Moreno, 2016).

Para Moreno, a espontaneidade e a criatividade são inerentes ao ser humano. O primeiro ato espontâneo e criativo é o **nascimento**, do qual o sujeito participa ativamente. Segundo ele, "a primeira manifestação da espontaneidade é o aquecimento da criança diante do novo ambiente" (Moreno, citado por Martin, 1984, p. 144).

Após o nascimento, tudo é novo, e a sobrevivência só é possível graças à sua capacidade de espontaneidade. A criança, então, continua pela vida toda lidando com o desconhecido, tendo de ajustar-se às surpresas da vida e precisando de respostas aos novos desafios. Reconhecemos o alto grau de espontaneidade naturalmente presente nas crianças e defendemos uma educação para o desenvolvimento da criatividade delas. Essa capacidade faz com que os pequenos tenham uma habilidade muito maior para lidar com situações novas, adaptar-se aos contextos da vida, criar respostas, ser ousadas e não temer o ridículo. Elas ainda não estão sob o comando e a influência da conserva cultural, como os adultos.

Segundo Moreno, é fundamental o ensino que vise o aprendizado da espontaneidade e da criatividade e tenha como objetivo amenizar os efeitos brutais e desumanos da tecnificação na vida psíquica e sociológica. A aprendizagem acontece pela ação, por meio da emoção. O autor propõe um ensino no qual o estudante

> deverá ser preparado, tendo em vista qualquer situação possível e não alguma situação específica. Mas esta mudança de perspectiva implica nada mais nada menos que uma transformação radical da filosofia e da técnica de aprendizagem. Deve-se então exercitar a espontaneidade, em vez de treiná-lo para reagir mediante atos preciosos frente a tal ou qual situação. (Moreno, citado por Martin, 1984, p. 148)

Portanto, não é apenas uma mudança de prática, mas de paradigma do papel da educação e de seus pressupostos e, ainda, uma mudança nos agentes responsáveis pela educação em seus vários setores. Mas, segundo Moreno, a tarefa principal é a de quem deseja educar a própria espontaneidade com o objetivo de integrá-la e transferi-la adequadamente para outros por meio de uma **ação disciplinada**. Consideramos que o treinamento da espontaneidade é, hoje, o principal mecanismo de salvação do ser humano. A espontaneidade permite que sejamos comparados a Deus, ou seja, uma centelha divina. Quando não desenvolvida adequadamente, o resultado é catastrófico, isto é, a doença a nível físico, psíquico e emocional que avassala o ser humano moderno.

Algumas técnicas que podem ser aplicadas visando ao aprendizado e ao desenvolvimento da espontaneidade e da criatividade são:

- aquecimento inespecífico;
- dramatização;
- teatro espontâneo;
- improvisação;
- jogos e exercícios que trabalhem com a realidade e a fantasia;
- jogos de desempenho de papéis;
- todas as técnicas que exigem criação;
- todas as técnicas que retirem as pessoas do que é obvio, da conserva cultural e das respostas prontas e acabadas;
- técnicas do mundo da arte.

Para concluir o tema sobre teoria da espontaneidade, quero compartilhar um poema de minha autoria, escrito em um momento de vida muito especial, que foi minha formação como psicodramatista em um contexto de criação e de espontaneidade pessoal inesquecível:

Espontaneidade

Palavra forte, aberta, tão usada...
Palavra tão presente nas falas atualizadas...
Palavra tão rica em seus significados...
Palavra tão esperada, tão sonhada...

Palavra que te quero ter,
Não nos discursos, mas no meu ser.
Não nos grandes escritos, nos ditos e não ditos,
Mas em cada momento do meu viver.
Mas viver espontaneamente
Não é para cada sobrevivente.
É para todos os descendentes,
De uma utopia decadente, mas sempre presente.

> Palavras... Se vão ao vento.
> Ações ficam e extrapolam o tempo.
> Viver o aqui e agora
> É não viver em vão cada momento.
>
> Nascer, renascer, construir, reconstruir...
> Novamente palavras... Agora ambivalentes.
> Onde estão as ações dialeticamente?
> Já que as palavras conseguem expressar-se sinteticamente?
>
> Ah! Espontaneidade perdida,
> Graças a ti sigo sofrida!
> Culpando essa "droga de vida"
> Por ter que mantê-la tão contida.
>
> E o verbo se fez carne,
> Mas não habitou entre nós.
> A carne se cristalizou,
> E só o verbo se eternizou.
>
> Ainda há esperança dela voltar.
> Mas é preciso parar de falar
> E começar a agir, ensaiar e treinar
> Que tal parar nesse refrão e partir logo para a ação?

Esse poema retrata de forma espontânea e criativa os conceitos de espontaneidade e criatividade, com o perdão pelo trocadilho.

3.2
Tele e transferência

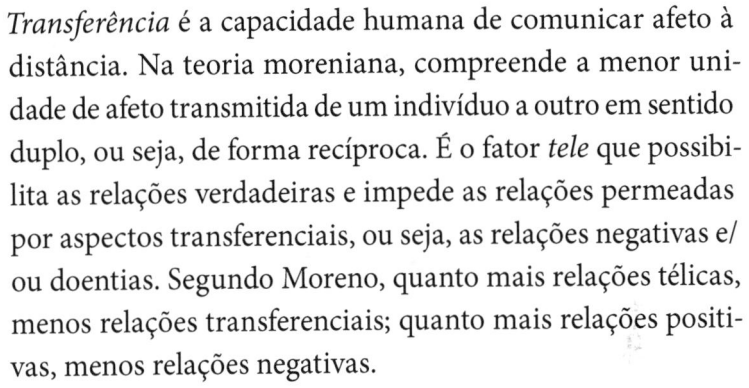

Transferência é a capacidade humana de comunicar afeto à distância. Na teoria moreniana, compreende a menor unidade de afeto transmitida de um indivíduo a outro em sentido duplo, ou seja, de forma recíproca. É o fator *tele* que possibilita as relações verdadeiras e impede as relações permeadas por aspectos transferenciais, ou seja, as relações negativas e/ou doentias. Segundo Moreno, quanto mais relações télicas, menos relações transferenciais; quanto mais relações positivas, menos relações negativas.

O fenômeno tele manifesta-se nos vínculos grupais, em forma de energia de atração, rejeição e indiferença nas atividades de comunicação entre os componentes de um grupo. Esses processos e essas atividades ocorrem nos níveis consciente e coinconsciente e possibilitam aos seres humanos a criação de vínculos positivos ou negativos, mediante as constelações afetivas criadas em virtude do pensar-perceber e intuir-sentir de cada um, dos conhecimentos, da diversidade cultural, da situação real de cada indivíduo e dos outros na matriz relacional de um grupo (Menegazzo, 1995).

O fator tele possibilita, também, a melhor utilização da espontaneidade e mais integração entre os membros de um grupo. Essa realidade pode ser medida de forma temporal e espacial no aqui e agora das relações humanas, podendo ser evidenciada pelos procedimentos sociométricos.

Figura 3.1 – Mente humana

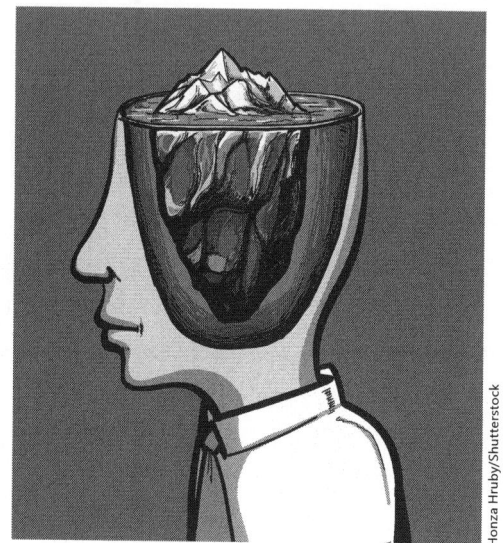

- **1º plano:** tele consciente. O que sei a meu respeito e a respeito do outro, como reflexões, pensamentos e sensações reais (ego).
- **2º plano:** tele subconsciente. Pré-consciente, memórias, fantasias, emoções e censuras (superego).
- **3º plano:** mente inconsciente ou profundidade télica. O que eu desconheço a meu respeito, fugas, agressividades, bloqueios e traumas. É onde estão os arquétipos, segundo Jung.
- **4º plano:** é o plano protetor e, no modelo junguiano, equivale à chamada *sombra*, plano fracamente energético, no qual se manifestam impulsos relacionais de agressividade ou de defesa.
- **5º plano:** si mesmo.

- **6º plano: potencialidades.** É o plano no qual "se manifestam potencialidades motivacionais que são verdadeiros tesouros culturais dos registros do inconsciente ancestral, pessoal e coletivo; tesouros de sabedoria legados de geração para geração, por intermédio da família, do clã e da etnia, e que regem profunda e convenientemente nossas condutas e nossas interações vinculares" (Menegazzo, 1995, p. 208).

3.3 Papéis

A teoria dos papéis determina a forma como os seres humanos organizam-se e relacionam-se uns com os outros, bem como sua identidade e suas fantasias sobre si mesmos. Os papéis, segundo Moreno, são representações da cultura. Portanto, estão inseridos em um contexto social e são por ele determinados e garantidos. Trata-se de uma construção interna de cada ser humano atuante, no contexto psicodramático, como papéis psicodramáticos.

No psicodrama, a teoria dos papéis diz respeito ao ajustamento da personalidade e do desempenho de uma função pessoal, social e cultural. Não é somente um conceito ou uma ciência, mas existe ligação com outras disciplinas, como psicologia, sociologia, antropologia e filosofia. As normas pessoais, sociais e culturais determinam padrões de comportamento, de tal maneira que a posição que o indivíduo ocupa em seu grupo social corresponde à articulação de vários papéis que possibilitam a unidade do grupo e a socialização dos indivíduos. Os papéis têm importância no contexto social, pois influenciam a individualidade e a coletividade. Moreno classifica os seguintes papéis, que foram amplamente desenvolvidos por Rojas-Bermudez (1977) e Aldo Silva Junior (1982), conforme as subseções a seguir.

3.3.1
Papéis psicossomáticos

Esses papéis estão apoiados na fisiologia e na psicanálise e correspondem aos papéis ingeridor, defecador e urinador. Estão estruturados entre as áreas do corpo/ambiente, ambiente/mente e mente/corpo. Conforme Moreno, os mecanismos de satisfação/insatisfação estão relacionados ao papel ingeridor; os mecanismos de criação/expressão/comunicação, ao papel defecador; e os mecanismos de planejamento/organização/controle, ao papel urinador.

3.3.2
Papéis psicodramáticos

São as grandes possibilidades de expressão espontânea e criativa do ser humano, que ocorrem nos espaços criativos e no contexto psicodramático. São os papéis de fantasia vividos na ação dramática que ampliam de forma infinita as condições criativas e espontâneas do ser humano, fazendo com que este cumpra o projeto moreniano de vida: constituir-se um ser inacabado, em constante desenvolvimento e em busca de transformação.

3.3.3
Papéis sociais

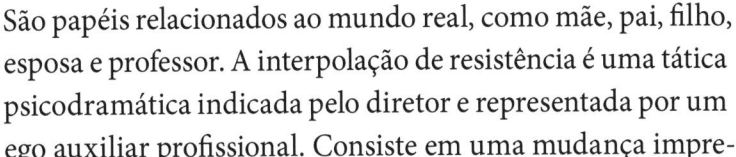

São papéis relacionados ao mundo real, como mãe, pai, filho, esposa e professor. A interpolação de resistência é uma tática psicodramática indicada pelo diretor e representada por um ego auxiliar profissional. Consiste em uma mudança imprevista em alguma característica do papel complementar do protagonista. Por exemplo, limitar o papel de uma mãe condescendente, de uma professora autoritária ou de um pai agressivo por meio de um comportamento contrário.

Os papéis são complementares, seja de outro papel, seja de uma situação ou de um objeto. São as roupagens, as ilusões e as facetas sociais para as relações humanas. É fundamental ir além delas e encontrar o ser, a centelha divina, isto é, a essência humana. Na dramatização, os papéis desempenhados são de diretor, protagonista e ego auxiliar.

3.4
Realidade suplementar

A realidade suplementar, ou realidade simbólica, consiste em desenvolver um local, um espaço ou uma condição em que seja possível diferenciar o contexto da fantasia, da imaginação, do simbólico e do subjetivo em relação ao contexto da realidade, do fenômeno, do concreto, do real e do objetivo.

Trata-se de um espaço destinado para viver a fantasia, o tudo pode, o aqui e agora, o momento, o não tempo e nem espaço. É a consolidação do espaço e do palco psicodramático. É nele que acontece a realidade suplementar, ou realidade simbólica. Nesse espaço tudo pode, tudo é legítimo e possível. É um jogo de cena, no qual o protagonista pode viver tudo o que gostaria de viver, mas nunca teve coragem ou permissão. Ali, ele pode vivenciar e experimentar na realidade o que ele só havia experimentado na fantasia, na mente e no desejo.

A realidade suplementar ou simbólica é um conceito e uma técnica fundamentais do psicodrama, pois no palco da fantasia é onde está a realidade legítima do psicodrama. O desafio é buscar, no jogo da fantasia, a realidade do ser humano. Para demarcar o contexto psicodramático, utiliza-se um espaço, uma marca, um tapete, um palco ou a delimitação de um território.

Os principais objetivos do trabalho com a técnica da realidade suplementar são:

- trabalhar o medo do desconhecido;
- viver a fantasia na realidade;
- desenvolver e treinar papéis e contextos psicodramáticos;
- exercitar a criatividade e despertar a espontaneidade;
- desenvolver, treinar e facilitar a comunicação não verbal e a comunicação simbólica;
- vivenciar os conteúdos reais e simbólicos na realidade concreta em um campo protegido.

A técnica da realidade suplementar está embasada nos seguintes princípios teóricos:

- teoria dos papéis;
- conserva cultural;

- espontaneidade e criatividade;
- matriz de identidade: fase da simbolização e da brecha entre fantasia e realidade;
- socionomia: estudo da dinâmica dos papéis.

3.5 Socionomia

A teoria moreniana considera o ser humano um ser em relação, ou seja, de **inter-relação**. Com esse princípio fundamental, Moreno criou e desenvolveu a socionomia, a ciência das leis sociais e das relações humanas. Ela pesquisa as interligações entre o mundo subjetivo e psicológico e o mundo objetivo e social, contextualizando o ser humano em suas relações e em todas as suas dimensões físicas, mentais ou espirituais. A socionomia divide-se em sociometria, sociodinâmica, sociatria e sociodrama. Vejamos, agora, as principais características de cada uma delas.

3.5.1 Sociometria

A sociometria tem como objetivo analisar as relações entre os membros de um grupo, evitando preferências ou exclusões. Para esse fim, utiliza o método do teste sociométrico, cuja aplicação é criteriosa e possibilita quantificar as relações pesquisadas. O termo *sociometria* vem do latim *socius* + *metrum* (medição social).

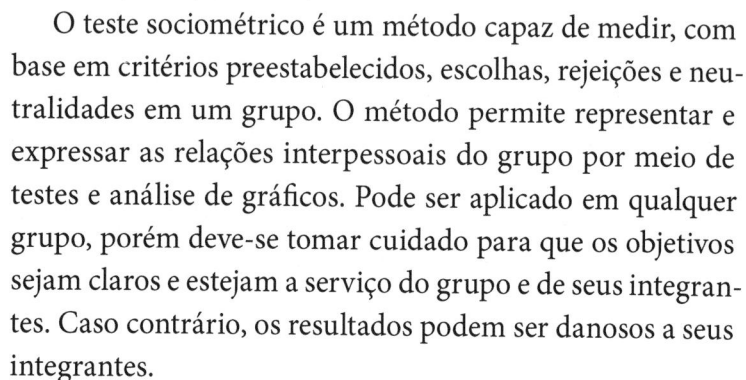

O teste sociométrico é um método capaz de medir, com base em critérios preestabelecidos, escolhas, rejeições e neutralidades em um grupo. O método permite representar e expressar as relações interpessoais do grupo por meio de testes e análise de gráficos. Pode ser aplicado em qualquer grupo, porém deve-se tomar cuidado para que os objetivos sejam claros e estejam a serviço do grupo e de seus integrantes. Caso contrário, os resultados podem ser danosos a seus integrantes.

A aplicação do **teste sociométrico** consiste em pedir ao participante que escolha, no grupo em que está inserido ou ao qual poderá pertencer, as pessoas que farão parte de uma ação como seus companheiros. O teste avalia como cada participante está situado no grupo. Isso é medido de forma objetiva e com base em critérios específicos e permite verificar como cada participante percebe sua real condição no grupo e como é percebido pelos companheiros.

As principais aplicações do teste sociométrico são:

- Analisar as estruturas internas e subjacentes de um grupo e confrontá-las com as estruturas externas.
- Investigar a real posição psicológica ocupada pelos participantes de um grupo e analisar o lugar que cada componente acredita ocupar.
- Conhecer as estruturas sociométricas de um grupo, como atrações, rejeições, indiferenças, mutualidades, incongruências, isolamentos e respectivas motivações, duplas, triângulos e cadeias, visando maior coesão grupal.

- Identificar, nos grupos recém-formados, como ocorrem os vínculos télicos, de transferência, de empatia ou de preexistência entre seus membros.
- Diagnosticar as necessidades e as possibilidades de intervenção para contribuir no processo de integração e interação grupal, identificando os riscos e os aprofundamentos possíveis nessa fase.
- Esclarecer, nos grupos que estiverem encerrando seus processos, possíveis pendências ou conflitos nos vínculos entre os participantes, com o intuito de encerrar o grupo ou iniciar novos processos por meio da reestruturação de novos vínculos.
- Distribuir tarefas em grupos operativos.

Na aplicação do teste sociométrico, o aquecimento é um momento no qual o grupo está reunido em um local adequado, organizado, aconchegante e com a estrutura necessária para a realização do trabalho. Deve-se propiciar total liberdade e espontaneidade dos participantes para o envolvimento e a participação no trabalho. A adesão deve ser livre.

O critério escolhido deverá ser de interesse real para o grupo investigado e todos deverão estar conscientes dele. Os critérios podem ser caracterizados quanto à natureza (convivência, trabalho e lazer) ou quanto às condições (quente/frio, impossível/viável).

Os participantes deverão fazer suas escolhas positivas (por proximidade, atração e desejo de compartilhar) e negativas (por distanciamento, rejeição e recusa) e justificá-las. As escolhas serão lidas no grupo em conjunto e será montado o sociodrama, que consiste na síntese gráfica das mutualidades e das incongruências nas escolhas dos participantes do grupo. Em seguida, compartilha-se o processo vivenciado pelo grupo, desde o momento do aquecimento, passando pelas respostas dos questionários individuais e pela leitura destes coletivamente, devendo-se fazer, ainda, o registro e a análise dos dados.

A aplicação do teste sociométrico tem duração de, no mínimo, 10 e, no máximo, 20 minutos. O teste deve ser aplicado em grupos pequenos, para que o professor tenha controle, podendo ser individual ou em grupo. O professor deve fazer as perguntas oralmente, enquanto os alunos anotam suas respostas. O aluno deve anotar uma resposta a lápis em cada folha, identificando-se na primeira. É importante informar os objetivos do teste, garantindo o sigilo das respostas, e esclarecer todas as dúvidas que surgirem.

O teste sociométrico tem importantes finalidades para o trabalho de grupo e para o trabalho pedagógico. Entre elas, podemos destacar: entender as relações sociométricas dentro de um grupo e as posições de seus componentes; compreender os papéis de cada participante de determinado processo; desenvolver as relações interpessoais por meio da interação e da integração entre os participantes; trabalhar o remanejamento de pessoas para o bom funcionamento de um grupo, visando ao aproveitamentos das habilidades e das potencialidades dos indivíduos; evitar possíveis isolamentos ou distanciamentos.

São necessários alguns cuidados para o bom aproveitamento e a adequação do teste. É essencial esclarecer os objetivos, os critérios e o funcionamento do teste antes de aplicá-lo, ter em mente os procedimentos em cada fase e esclarecer acerca da importância do sigilo com os dados apresentados. O teste tem como objetivo promover o desenvolvimento do grupo e evitar conflitos e problemas desnecessários. Vejamos, a seguir, alguns exemplos de perguntas para a realização de um teste sociométrico em sala de aula:

- Com quem você prefere fazer trabalhos em sala de aula?
- Com quem você prefere brincar em sala de aula?
- Com quem você prefere estudar em casa?
- Se houvesse uma gincana de todas as matérias em sua escola, quem você gostaria que estivesse em seu time?
- Se houvesse uma gincana de todas as matérias em sua escola, quem você gostaria que estivesse no time oposto ao seu?
- Com quem você não gostaria de fazer trabalhos em sala de aula?
- Com quem você não gosta de brincar em sala de aula?
- Com quem você não gostaria de estudar em casa?

3.5.2
Sociodinâmica

A sociodinâmica tem como objetivo o estudo das dinâmicas dos grupos e utiliza como método de trabalho o *role-play*, também conhecido como *treinamento de papéis* ou *jogos dos papéis*, que consiste em representar ou treinar determinado papel, seu complementar e seus conflitos, havendo a troca ou a inversão de papéis, como professor × aluno, pai × mãe, diretor × professor e pai × professor. O objetivo é que a pessoa A possa experimentar empaticamente estar no lugar da pessoa B e assim consiga, no campo dramático da representação, sentir, viver, pensar, agir, comportar-se e ser em um contexto específico. Com base nessa premissa, Moreno desenvolve a **teoria do encontro**, que, segundo Naffah Neto (1997), consiste na via por meio da qual o indivíduo se encontrará consigo mesmo e com o outro.

3.5.3
Sociatria

A sociatria, do latim *socius* (sociedade) + *iatria* (tratamento) tem como objetivo tratar das relações humanas na sociedade por meio da transformação social e dos grupos sociais. Para tanto, utiliza a psicoterapia de grupo, que prioriza o tratamento das relações interpessoais inseridas na dinâmica grupal; e o psicodrama terapêutico, que consiste no tratamento do indivíduo ou do grupo por meio da ação dramática.

3.5.4
Sociodrama

O sociodrama é um tipo particular de terapia na qual o protagonista é sempre o grupo – as pessoas e suas relações interpessoais são reunidas para a realização de uma atividade comum e em prol de um objetivo coletivo.

Síntese

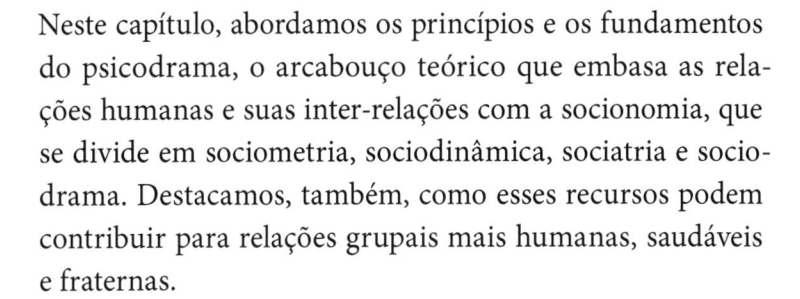

Neste capítulo, abordamos os princípios e os fundamentos do psicodrama, o arcabouço teórico que embasa as relações humanas e suas inter-relações com a socionomia, que se divide em sociometria, sociodinâmica, sociatria e sociodrama. Destacamos, também, como esses recursos podem contribuir para relações grupais mais humanas, saudáveis e fraternas.

Atividades de autoavaliação

1. Assinale a alternativa correta no que se refere ao conceito de conserva cultural:
   a) Conserva cultural é o resultado da ação de um indivíduo e o que ele deixa como legado de sua passagem pelo mundo.
   b) Conserva cultural é um conceito utilizado por Moreno para designar o resultado de um produto construído historicamente e aceito socialmente.
   c) As conservas culturais, como a cultura de uma sociedade, a educação, as normas de conduta e os papéis sociais estereotipados, são responsáveis por garantir a criatividade e a espontaneidade do indivíduo.
   d) A educação, a moral, os costumes e a cultura, por meio das instituições sociais, como família, Igreja, escola e Estado, prejudicam a perpetuação das conservas culturais em nossa sociedade.
   e) A conserva cultural, como o próprio nome diz, conserva a tradição, desmotivando qualquer processo

de espontaneidade criadora e capacidade de gerar um novo produto ou uma nova ação criadora.

2. Analise as assertivas a seguir e assinale V para as verdadeiras e F para as falsas:

( ) A teoria da espontaneidade utiliza a improvisação para a resolução de conflitos e o palco terapêutico como categoria de tempo, espaço e realidade.

( ) O teatro da espontaneidade começa no aqui, mas não termina, pois suas implicações pessoais, sociais e culturais imediatas permanecem.

( ) Para Moreno, assim como para a filosofia existencialista e fenomenológica, o ser humano é um sujeito acabado, em inconstante processo de desenvolvimento e em busca de permanências.

( ) As principais influências para o teatro da espontaneidade vêm da filosofia existencialista e fenomenológica.

Agora, assinale a alternativa correspondente à sequência correta:

a) F, F, F, V.
b) V, F, V, F.
c) V, V, F, F.
d) V, F, F, V.
e) F, V, V, V.

3. Assinale a alternativa correta no que se refere à teoria da espontaneidade de Moreno:
   a) Segundo Moreno, a espontaneidade e a criatividade constituem a essência do ser humano, e o primeiro ato espontâneo e criativo é seu nascimento.
   b) Por não ser espontâneo nem criativo, a possibilidade de sobrevivência do ser humano se deve à sua falta de espontaneidade.
   c) A espontaneidade e a criatividade estão presentes na vida da criança somente por meio da educação recebida em casa.
   d) Por estarem sob o comando e a influência da conserva cultural, as crianças não têm capacidade e habilidade para lidar com situações novas, adaptar-se aos contextos da vida e criar respostas diante dos desafios.
   e) Segundo Moreno, o ensino que vise ao aprendizado da espontaneidade e da criatividade não é fundamental, uma vez que a criança já nasce assim, e tal aprendizado é impossível.

4. Analise as assertivas a seguir e indique V para as verdadeiras e F para as falsas:
   ( ) Percepção télica é a menor unidade de afeto transmitida de um indivíduo a outro em sentido duplo e constitui a faculdade humana de comunicar afeto à distância.
   ( ) As percepções télicas são permeadas por fatores transferenciais e levam as pessoas a relações negativas e/ou doentias.

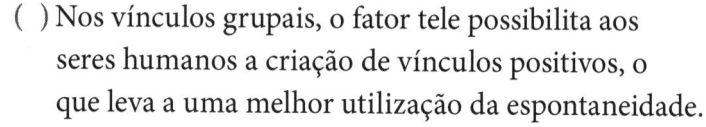

( ) Nos vínculos grupais, o fator tele possibilita aos seres humanos a criação de vínculos positivos, o que leva a uma melhor utilização da espontaneidade.

( ) Por estar relacionado aos afetos, o fator tele não pode ser medido e evidenciado pelos procedimentos sociométricos.

Agora, assinale a alternativa correspondente à sequência correta:

a) F, F, F, V.
b) V, F, V, F.
c) V, V, F, F.
d) V, F, F, V.
e) F, V, V, V.

5. Sobre a teoria dos papéis de Moreno, assinale a alternativa correta:

a) Por serem representações da cultura em determinado contexto social, os papéis não têm como ser uma construção interna de cada ser humano.
b) Por serem uma construção interna de cada ser humano, os papéis são sinais de desajustamento da personalidade e do desempenho de uma função pessoal, social e cultural.
c) Os papéis, segundo Moreno, são representações da cultura, estão inseridos em dado contexto social e são por ele determinados e garantidos.

d) Os papéis psicodramáticos são grandes possibilidades de expressões espontâneas e criativas que reduzem de forma finita as condições criativas e espontâneas do ser humano.

e) Em uma ação psicodramática, a interpolação de resistência é quando um ego auxiliar profissional indicado pelo diretor potencializa a ação do protagonista.

Atividades de aprendizagem

Questões para reflexão

1. Explique o que são relações télicas e de que maneira elas interferem nas relações grupais.

2. Explique o que é socionomia e como ela pode ser utilizada no processo de desenvolvimento das relações grupais.

Atividade aplicada: prática

1. Faça a aplicação de um teste sociométrico e descreva, por meio de um diário de campo, todo o processo desenvolvido, bem como suas impressões sobre cada momento da aplicação do teste.

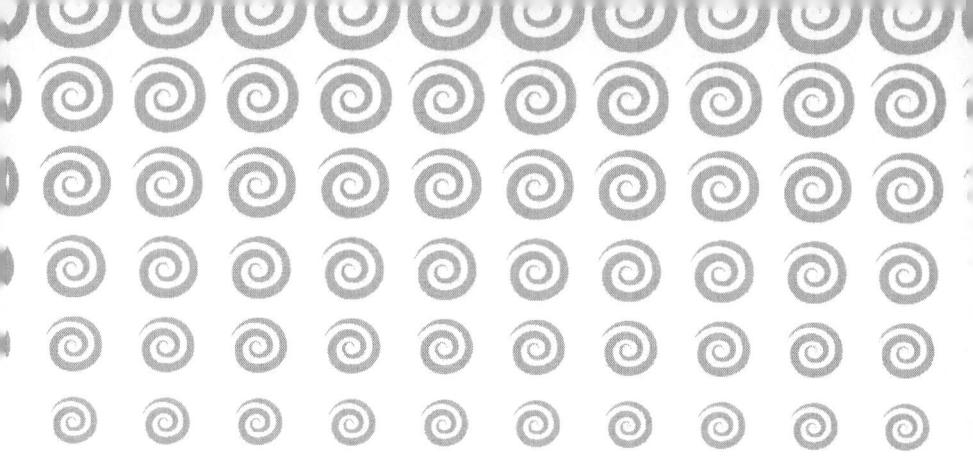

4
Visão psicodramática do desenvolvimento humano, da formação da personalidade e da construção da aprendizagem

Neste capítulo, abordaremos os conceitos de personalidade, desenvolvimento e aprendizagem emocional para o psicodrama tendo como base as noções de matriz de identidade, *clusters*, atitude, emoção, ação e comportamento no ato da aprendizagem. Vamos evidenciar de que maneira esses conceitos podem contribuir como ferramentas, instrumentos e mecanismos psicodramáticos para trabalhar os aspectos emocionais diante das dificuldades de aprendizagem

4.1
Personalidade

Segundo Abbagnano (1998, p. 758), personalidade é a condição ou o modo de ser da pessoa. Alguns filósofos também utilizam o termo *personalidade* como sinônimo de *pessoa*. Segundo Cattel, citado por Abbagnano (1998, p. 759), "personalidade é o que permite a previsão do que fará uma pessoa numa dada situação". A origem do conceito remete ao teatro grego e vem do termo *persona*, em referência à máscara que era utilizada para representar as emoções dos atores em cena.

Figura 4.1 – *Persona*

A personalidade é o que nos individualiza e nos torna únicos em relação às demais pessoas. É uma **construção individual** decorrente de nossas condições e determinações econômicas, sociais, históricas e culturais, sendo resultado, ainda, de nossas influências hereditárias, de como agimos e reagimos ao meio social em que nos encontramos e das experiências pessoais que temos ao longo da vida.

Para Kant, a personalidade é o sujeito prático e, por consequência, a **consciência de liberdade**. Em *Crítica da razão prática*, ele define a personalidade como uma faculdade (Kant, 1986). Já na obra *A religião nos limites da simples razão*, o filósofo define liberdade como uma disposição ou propensão de respeito às leis morais (Kant, 2008, p. 35).

Segundo Adorno (1950, p. 5), "a personalidade é uma organização de forças mais ou menos duradoura dentro do indivíduo". Essa organização determina a resposta que um indivíduo pode dar às várias situações que vivencia. Porém, Adorno (1950, p. 5) adverte que a personalidade não é o mesmo que comportamento, mas uma prontidão para a resposta, "o que repousa atrás do comportamento e dentro do indivíduo".

Para Moreno (1975), o desenvolvimento da personalidade inicia-se com o **nascimento**. Diferentemente do conceito psicanalítico, que considera o nascimento um momento traumatizante, Moreno o concebe como o primeiro ato espontâneo extremamente positivo para a mãe e para o bebê. Para Moreno (1975, p. 118), esse momento é uma "catarse de profundo alcance tanto para a mãe como para o bebê. Uma teoria do desenvolvimento infantil avalia o crescimento do bebê em termos positivos, e mais em termos de progressão de que em termos negativos de retardamento e regressão".

A construção da personalidade, segundo Moreno, está descrita na teoria da matriz de identidade e inicia-se com o nascimento, no interior da matriz de identidade ou *locus nacendi* (local de nascimento), no qual se constituem as bases psicológicas e os alicerces de aprendizagem para o desempenho de papéis. Os papéis vivenciados nessa fase são fisiológicos, psicossomáticos, psicológicos, psicodramáticos e sociais. Esses papéis são considerados os *eus* parciais. O eu inteiro e realmente integrado, segundo Moreno (1975, p. 26), tem de desenvolver gradualmente vínculos operacionais e de contato entre os conglomerados de papéis sociais, psicológicos e fisiológicos a fim de que se possa identificar e experimentar, após sua unificação, aquilo que é chamado de *eu*, e seguindo um processo contínuo e permanente que depende de fatores fisiológicos, genéticos, ambientais e sociais.

Na concepção de Moreno (1975), o desempenho de papéis é anterior à construção da personalidade, ou seja, antecede o surgimento do *eu*. Portanto, a personalidade moreniana desenvolve-se concomitantemente ao surgimento dos papéis, processo este que ocorre nas fases pré-verbais da existência do ser humano, porém não se inicia com ela, uma vez que essa fase é anterior a ela. Concluímos, então, que, segundo a teoria moreniana, o surgimento dos **papéis** e a **linguagem** são as condições para o desenvolvimento da personalidade humana.

4.2
Matriz identidade

A matriz de identidade, para Moreno (1975, p. 114), "é a placenta social da criança, o *locus* em que ela mergulha suas raízes". Para compreender melhor a teoria do desenvolvimento humano formulada pela matriz de identidade, analisaremos o conto "A águia e a galinha", cujo autor, James Aggrey, ficou muito conhecido no Brasil por meio de Leonardo Boff, com o livro *A águia e a galinha: uma metáfora da condição humana*, lançado pela editora Vozes em 1997.

Para Hall (1997), a representação consiste em usar a linguagem para dizer algo significativo ou para representar o mundo significativamente a outras pessoas. A representação envolve o uso da linguagem, de signos e de imagens que respondem ou representam ideias e sentimentos. O conto narra o seguinte: certo dia, um criador de cabras encontra um ninho de águias no chão, no pé de uma montanha da Floresta Atlântica, no Rio de Janeiro. Entre os restos do ninho, encontra um filhote de águia com vários ferimentos que parecia morto. O criador, então, resolve recolher a águia e levá-la para um vizinho seu que gostava de pássaros e dominava a arte de empalhar animais.

O vizinho ficou admirado com o animal, por se tratar de uma espécie rara na região. Disse que empalharia ela no dia seguinte, deixando-a embaixo de um cesto. No outro dia, o empalhador percebeu que a jovem águia ainda estava viva, apesar dos ferimentos. Decidiu cuidar dela e percebeu que ela estava completamente cega. Assim, colocou-a para conviver com as galinhas de seu quintal. Apostava o empalhador que as galinhas cuidariam dela, ao mesmo tempo em que a provocariam para viver. Porém, havia um risco: ela esquecer que era uma águia e assumir-se como galinha. E de fato, todos os comportamentos apresentados pela águia passaram a ser de uma galinha: andava e ciscava como uma galinha. Porém, um dia, o empalhador observou que a jovem águia havia voltado a enxergar. No entanto, depois de tanto tempo vivendo como uma galinha, a águia havia se tornado uma águia-galinha. Ela havia esquecido a sua identidade. Porém, o empalhador tinha uma nova dúvida: "A águia recuperara seu corpo. Mas e o coração? Será que tinha perdido seu coração de águia?" (Boff, 1997, p. 60).

A dúvida surgiu quando, certa vez, um casal de águias fez voos rasantes sobre o seu quintal. Ao sair para socorrer suas galinhas, o empalhador observou que a águia-galinha arriscava sair voando. Porém, assim que o casal de águias foi embora, ela voltou à sua condição anterior. Mas o empalhador percebeu que ela havia mudado. Sempre que águias voltavam a sobrevoar seu quintal, novas tentativas de voo eram observadas. Afinal, meditava o empalhador, "Uma águia é sempre uma águia. Ela possui uma natureza singular. Tem as alturas dentro de si. O sol habita seus olhos. O infinito dos espaços anima suas asas para enfrentar os ventos mais velozes. Ela é feita para o céu aberto" (Boff, 1997, p. 61-62).

O empalhador então recebeu a visita de um naturalista. Este achou estranho, mas ficou admirado com a capacidade de adaptação da águia-galinha e decidiu fazer um teste com ela: o empalhador, munido de proteção para seus braços, colocou a águia-galinha sobre eles, enquanto falava palavras de encorajamento para ela. Porém, o máximo que ela fez foi observar suas companheiras galinhas e ir em direção a elas. O empalhador não desistiu. Seu amigo naturalista o encorajava e, no dia seguinte, realizou mais um teste. Só que, agora, do terraço de sua casa. Novamente palavras motivadoras, mas a águia-galinha não conseguia desvincular-se de suas antigas companheiras. Ensaiou voos curtos como fazem as galinhas e, na sequência, voltou a ciscar como elas.

Foi então que ambos se deram conta que faltava um elemento fundamental: o sol. Assim, combinaram que, no dia seguinte, fariam a tentativa de cima de uma montanha. E assim o fizeram. Bem de manhã cedo, o naturalista e o empalhador pegaram a águia-galinha e subiram uma montanha que tinha por perto. O sol começava a despontar na linha do horizonte. O empalhador segurou novamente a águia-galinha em seu braço protegido e a colocou na direção do sol que nascia. A reação foi completamente diferente. A águia-galinha observava atentamente a paisagem, a linha do horizonte. E aquela visão provocou um estremecimento nela. O empalhador manteve-a segura na direção do sol por um bom tempo. E exclamou: "Águia! Você nunca deixou de ser águia! [...] Mostre agora que você é de fato uma águia. Abra seus olhos. Beba o sol nascente. [...] Erga-se sobre você mesma e ganhe as alturas. Águia, voe!" (Boff, 1997, p. 68). A reação foi imediata: chacoalhando o corpo, a águia-galinha esticou suas asas e o pescoço, mirou a direção do sol e saiu voando. Um pouco desajeitada no começo, mas, firme e decidida nos instantes seguintes, até sumir na linha do horizonte.

Agora, resumido o conto, vamos apresentar as fases da matriz de identidade passo a passo.

4.2.1
Fase 1: Matriz de identidade total e indiferenciada ou primeiro universo (não eu: o Cosmo é eu)

O conto começa com uma cena catastrófica do ponto de vista da natureza: a queda do ninho, que representa o nascimento do protagonista, isto é, da águia perdida. A queda do ninho, construído durante o processo de gestação, simboliza a queda, por meio do parto, do nosso rebento neste universo indiferenciado a que Moreno denominou *matriz de identidade* (Moreno, 1975).

Esta matriz é existencial, mas está longe de ser algo consciente e experimental. Dela, com o tempo, surgem os **papéis sociais**, as futuras bases para a consolidação do eu. O protagonista nasce, na teoria psicodramatista, como um não eu. Nessa fase, prevalece uma identidade cosmocêntrica, isto é, o bebê ocupa o centro do universo da casa, da família e do momento. Sua aprendizagem efetiva-se por cunhagem[1], mediante o corpo. A comunicação acontece por uma via dupla, isto é, ele necessita de alguém, de seus egos auxiliares,

---
1 *Cunhagem* vem do inglês imprinting e significa "marcar", "imprimir", "carimbar". É uma palavra polissêmica, pois, dependendo do contexto, muda o significado. Neste trabalho, diz respeito ao processo de aquisição de conhecimentos, ideias ou conceitos do cotidiano como um conjunto de informações capazes de mudar a realidade, as crenças e os valores dos sujeitos que as recebem. Essas informações não são apenas repassadas mecanicamente. Ao contrário, são recebidas, decodificadas, interiorizadas, ressignificadas, reforçadas, repetidas e despertam um comprometimento sincero.

da mãe, do pai, de enfermeiros, médicos, assistentes, entre outros, que façam por si o que não poderá fazer.

O mesmo ocorreu com a águia, que foi encontrada destroçada, machucada e destruída até que um criador de cabras a levou para um empalhador. Se não fossem esses dois egos auxiliares, a águia já estaria com o destino traçado. A protagonista não se encontrava em um universo estruturado para acolher suas necessidades básicas, não tinha um segundo ninho, uma placenta ou um átomo social, um *locus nascenti* ou uma matriz de identidade, que se caracteriza pelo lugar físico, psicológico e relacional no qual desempenharia os papéis fundamentais à sua sobrevivência.

Esse espaço no qual o ser humano será acolhido possibilita que ele inicie de forma positiva ou negativa, sua grande aventura rumo ao desenvolvimento, à aprendizagem e à construção de sua existência. Essa existência será possível mediante um coletivo, um contexto histórico determinado e dada condição socioeconômica. O indivíduo será preparado e receberá a influência da cultura e da educação, por meio de normas, valores, costumes e leis, as quais lhe darão condições materiais e subjetivas para pertencer a uma comunidade e a uma sociedade.

Para Moreno, o nascimento é o primeiro ato espontâneo do ser humano, diferentemente da visão psicanalítica, segundo a qual o nascituro participa ativamente. Quando o embrião atinge o ápice de seu desenvolvimento dentro do ninho materno, o útero, inicia-se um processo de contrações, que resultará na expulsão do bebê, nosso protagonista, para outra dimensão, um novo mundo, no qual suas capacidades espontâneas e criativas lhe darão as condições físicas, psicológicas e emocionais para essa nova realidade. Os primeiros contatos do bebê depois do parto acontecem com pessoas próximas: família, parentes e amigos. Mesmo sabendo das situações adversas que marcam esse momento da chegada de um bebê em casa, essa realidade poderá ser de felicidade ou, ainda, um momento extremamente traumatizante. Independentemente da situação, a responsabilidade por essa nova vida é, em qualquer situação, uma obrigação nem sempre correspondida pelos contrapapéis, pelo direito e pelo dever.

Nossa águia, protagonista, estava entregue à própria sorte, para quem lhe desse os devidos cuidados. No entanto, as intenções de seus egos auxiliares não eram nada boas: empalhá-la no dia seguinte. Em virtude das condições sociais, econômicas e políticas, nascer muitas vezes significa condenar o protagonista a um fim prematuro. Às vezes, sequer chegam a nascer e, se nascem, não chegam a 1 ano de idade. São as vítimas das desigualdades sociais que empalharam os corações humanos em um sistema de opressão, injustiça e morte. Tudo porque, em nossa sociedade, historicamente vem-se perpetuando a máxima de que vale mais o ter em detrimento do ser.

As principais características dessa fase são:

- o bebê não diferencia pessoas de objetos, nem fantasia de realidade;
- só existe o tempo presente;
- todas as relações são de proximidade e positivas;

- a comunicação acontece por meio de atos, não pela linguagem;
- não há registros;
- identidade cosmocêntrica: eu sou o Universo;
- aprendizagem por cunhagem;
- comunicação por meio do duplo;
- amnésia total até os 3 anos, pois não há registro, só atos;
- não há passado nem futuro, só o aqui e agora, o momento.

4.2.2
Fase 2: Matriz de identidade total diferenciada ou realidade total diferenciada (eu sou eu; o outro é um tu)

Mas a vida insiste em viver. E o desenvolvimento humano de uma criança é espetacular. Em nosso conto, no dia seguinte, o empalhador constata, otimista, que a águia está viva. Seu processo de desenvolvimento acontecia lentamente e, além de ferida e frágil, ela estava cega.

O empalhador, por pena, resolveu deixá-la viva. Ela perambulava de um lado para o outro e, apesar das dificuldades, começou a ganhar cada vez mais espaço e coragem, até que um dia recuperou a voz, o kau-kau típico da águia. Segundo Rubini (1996, p. 51), na teoria moreniana "o surgimento e desenvolvimento dos papéis é um processo que ocorre nas fases pré-verbais da existência do ser humano e não se inicia com a linguagem, pois é anterior a ela. Nesse ponto Moreno diverge de G. H. Mead, que enfatiza a linguagem como condição da comunicação entre os homens e do desenvolvimento da personalidade". Portanto, conforme a teoria moreniana, a protagonista estava pronta para construir sua personalidade, sua persona, isto é, sua identidade como águia.

Entretanto, de acordo com o conto, ela continuava cega. Na teoria moreniana, ela entrou em uma nova fase do desenvolvimento humano: a fase do **o não eu é o outro**, na qual a identidade passa a ser outrocêntrica, isto é, tem-se o outro como centro. A aprendizagem efetiva-se por imitação, e a comunicação ocorre por espelhagem.

O reflexo do espelho vai mudando e, no lugar de um outro, o bebê começa a aparecer gradativamente como um eu, o que somos ou o como querem que sejamos. Triste sina da águia: o empalhador decidiu colocá-la para viver com as galinhas. Novamente, a intenção foi boa, pois ele esperava que, vivendo com as galinhas, a águia despertasse para o seu ser águia.

E não é que deu certo? A águia despertou, recuperou a visão e estava curada, perfeita, totalmente recuperada em seu corpo de águia. Mas a convivência com as galinhas, o espelhamento e a troca de papéis com elas, vivendo as conservas culturais das galinhas, fizeram a águia esquecer-se de sua essência e transformar-se em galinha também. E seu ego auxiliar, o empalhador tão ocupado com seus afazeres, já se havia acostumado com a águia-galinha entre as demais galinhas e até esqueceu-se dela.

4.2.3
Fase 3: Matriz da brecha entre fantasia e realidade ou fase da troca de papéis (eu posso ser o tu; o tu não pode ser eu)

Nessa fase, segundo a teoria moreniana, surge uma brecha entre fantasia e realidade. O principal movimento é o de estar em si e esquecer-se do outro, ou o de estar no outro e esquecer-se de si. Quando a criança olha no espelho, ela ainda não se reconhece, continua a ver um bebê, mas já inicia pequenos movimentos para a autoidentificação. Nesses jogos de estar em si ou de estar no outro, ela constrói seus universos de fantasia e realidade. Esse mecanismo consolida-se mediante os instrumentos, os brinquedos e os estímulos que ela recebe.

Segundo Stoller (1993, p. 29), "Em torno dos dois anos ou três anos de idade, quando podemos observar a masculinidade definida no menino e a feminilidade nas meninas, ela [a identidade de gênero] está tão estabelecida que é quase inabalável".

No conto, a protagonista águia começa a dar sinais de que há algo errado consigo, pois ela não é o que pensa ser. Esse fato é comprovado quando ela visualiza um casal de águias voando sob o galinheiro e fica inquieta, desconfortável e ansiosa, criando uma grande confusão. Essa realidade fez o ego auxiliar, o empalhador, refletir:

> – Uma águia é sempre uma águia. Ela possui uma natureza singular. Tem as alturas dentro de si. O sol habita seus olhos. O infinito dos espaços anima suas asas para enfrentar os ventos mais velozes. Ela é feita para o céu aberto. Não pode ficar

Visão psicodramática do desenvolvimento humano, da formação da personalidade e da construção da aprendizagem

aqui embaixo, na terra, presa ao terreiro como as galinhas. (Boff, 1997, p. 61)

Nessa fase, a possibilidade de **divisão dos papéis**, que até então encontravam-se misturados, permite novos aglomerados e uma prevalência dos papéis psicodramáticos, que correspondem aos primeiros que contribuirão para a consolidação do ego. Se esses papéis não forem atendidos em sua plenitude e de maneira adequada pelos primeiros egos auxiliares que entrarão em contato com a criança, isso provocará problemas no desempenho dos papéis ligados às suas funções vitais, como os papéis ingeridor, defecador, urinador, dormidor e respirador. A criança, nessa fase, não diferencia seu eu do outro eu ou o eu de coisas e objetos. Tudo acontece de acordo com a forma como ela sente o ato em si, suas satisfações e suas emoções. Ao ver a mãe fazer por ela, ela imita e aprende a fazer por si. Segundo Med (1935), ninguém nasce homem ou mulher: torna-se.

Há, nessa fase, várias interfaces que passam por três níveis de identidade egocêntrica e duas sociocêntricas: três tipos de aprendizagem por simbolização, uma por socialização e uma por experimentação. A comunicação acontece entre trios (triangulação), em grupo e por tomada de papel.

Também ocorre a consolidação dos papéis sociais, que correspondem aos papéis de mãe, pai, filho, aluno e professor, entre outros. Nesses papéis, a função da realidade opera mediante a interpolação de resistência, isto é, verdades que não são produzidas pelas crianças, mas impostas pelos outros, pelas relações, pelas coisas, pelo tempo e espaço, pela sociedade, pela cultura, pelos padrões de conduta, pelos valores e costumes, pela educação e pelos deveres, ou seja, pela conserva cultural de determinado momento histórico, social, político e econômico. A conserva cultural pode tentar cristalizar nossa espontaneidade e nossa criatividade. No entanto, como nunca deixamos de ser uma centelha divina, jamais perderemos essa essência.

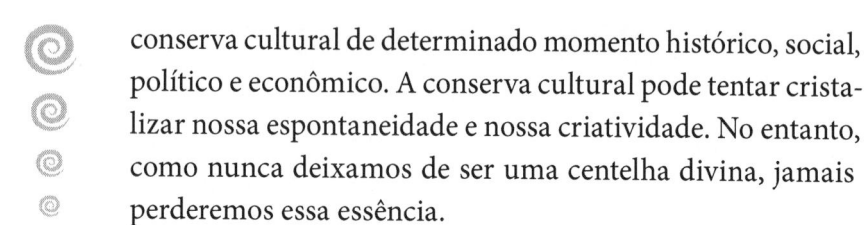

A capacidade de desenvolvimento de troca de papéis, bem como de diferenciar fantasia de realidade e transitar entre ambas sem prejuízo, só é possível por meio da espontaneidade, que é um princípio de adequação dos indivíduos diante de seus papéis. É graças à rebeldia do ser humano, ao desejo de mudança e com a ajuda de egos auxiliares competentes e responsáveis que este poderá recuperar sua identidade perdida.

4.2.4
Fase 4: Inversão de papéis (plenamente eu: eu posso ser o tu, o tu pode ser eu)

Nessa fase, o ser humano vive sua identidade cósmica. A aprendizagem efetiva-se por *insights*, e a comunicação ocorre por inversão de papéis, a qual consiste na capacidade de desempenhar o papel do outro, uma vez que a criança já tem uma identidade que lhe permite se relacionar com o outro sem perder a sua. Suas bases psicológicas estão desenvolvidas para a imitação, a incorporação de papéis e a transferência.

A criança pode incorporar e desempenhar os papéis psicodramáticos de personificação de coisas imaginadas, que podem ser **reais** ou **irreais** (sonhos e *insights*) por meio de manifestações artísticas, psicodrama, sociodrama, teatro espontâneo e terapia. Esses papéis correspondem, segundo Moreno, "à dimensão mais individual da vida psíquica, à dimensão psicológica do 'eu', livre das resistências extrapessoais, a não ser as criadas por ele mesmo" (Rubini, 1996, p. 53).

Assim, o ego deriva dos papéis, e a personalidade resulta de fatores genéticos, da espontaneidade, da tele e do ambiente. Esses fatores são determinantes desde a primeira fase da matriz de identidade. A criança tem seu tempo de desenvolvimento a partir do momento que tenha estabelecido a fase da consciência do eu e do outro.

No conto, foram feitas várias tentativas para resgatar a águia perdida. Mas nada parecia despertar a águia. O empalhador realizou vários testes, houve discursos e sermões e algumas ações práticas desenvolvidas pelo naturalista, porém a águia continuava distraída, abobada, desmotivada e sempre voltava a assumir seu papel cristalizado de galinha.

Foi então que os amigos se lembraram da importância que o sol, a luz, tem para a águia:

> — Águia, você que é amiga das montanhas e filha do sol, eu lhe suplico: Desperte de seu sono! Revele sua força interior. Reanime seu coração em contato com o infinito! Abra suas potentes asas. E voe para o alto! (Boff, 1997, p. 67)

Em uma linda manhã, os amigos subiram com ela no alto de uma montanha e, no contexto da águia, com o cenário, a luz e a realidade que lhes são inerentes, ela pôde resgatar sua essência. Ela olha a seu redor, vê seu universo, incorpora seu papel e sente-se espontânea e criativa com o brilho do sol em seus olhos. Diferentemente do que ocorreu nas outras tentativas, a representação e a dramatização fizeram com que a águia se sentisse em seu papel de águia. Ela escutava atentamente o que era falado, e não só escutava, mas também vivia.

É nesse papel que será possível a utilização consciente da espontaneidade e da criatividade e ocorrerá a construção de um eu integrado, de forma total ou parcial, com a psique, isto é, um **eu inteiro e único**. Isso permitirá que o ser humano transite entre um papel e outro e passe do mundo da fantasia para o da realidade e vice-versa. A espontaneidade, então, é um princípio de gestão da adequação individual e social.

Só haverá inversão de papéis quando o ser humano conseguir interagir com os demais papéis sociais, o que ocorrerá por meio da criação de vínculos, da empatia e do respeito espontâneo da **complementariedade dos papéis ou contrapapéis**. Por exemplo, na relação entre mãe e filho, professor e aluno, líder e subordinado, é fundamental o reconhecimento dessa complementariedade e o respeito a ela, pois um papel não existe sem o outro.

O fator tele é a capacidade que temos de perceber e entender, de forma subjetiva, o que acontece nas relações entre as pessoas. É uma forma de empatia que acontece de forma bilateral nas relações interpessoais. Pode haver equívocos e distorções, isto é, transferências, que são classificadas como patologias do fator tele e resultam de julgamentos, preconceitos ou outros fatores que possam causar distorções ou equívocos nas relações interpessoais. A tele positiva ou tele sensibilidade, segundo Moreno (1975, p. 36), ocorre quando, "após a dissipação da transferência, continuam operando certas condições tele. A tele estimula parcerias estáveis e relações permanentes".

A protagonista tem um *insight* e, mediante uma catarse de integração, junto a seus egos auxiliares, liberta-se de forma espetacular:

> Oh, surpresa! A águia ergueu-se, soberba, sobre seu próprio corpo. Abriu as longas asas titubeantes. Esticou o pescoço para frente e para cima, como para medir a imensidão do espaço. Alçou voo. Voou na direção do sol nascente. Ziguezagueando no começo, mas firme depois, voou para o alto, sempre para mais alto, para mais alto ainda, até desaparecer no último horizonte. (Boff, 1997, p. 67)

As principais características dessa fase são:

- há uma diminuição da comunicação por meio de atos;
- a relação já suporta determinadas distâncias;
- a criança começa a diferenciar objeto de pessoas;
- surge uma rudimentar tele de sensibilidade;
- a identidade passa por estágios que vão da egocêntrica, passando pela sociocêntrica, até chegar à identidade cósmica;
- a aprendizagem passa pela reflexão, vai para a simbolização, depois para a socialização e a experimentação até chegar ao *insight*, que é a capacidade de produzir os próprios conhecimentos;
- a comunicação ocorre pelo solilóquio, por meio do qual a criança fala sozinha; depois, comunica-se com um de cada vez e, em seguida, passa para a triangulação, comunicando-se com três de cada vez; então, comunica-se em circularização; e, por fim, chega às fases de tomada e inversão de papéis.

4.3
Clusters ou cachos de papéis

Bustos (1999) desenvolveu, com base na teoria dos papéis de Moreno, a teoria de *clusters*, conceito que diz respeito aos papéis presentes nas fases da matriz de identidade. Tudo o que somos resulta daquilo que vivemos por meio das representações sociais de papéis. Sou mulher, filha, esposa, mãe, profissional, professora, empresária, política etc. Podemos assumir uma infinidade de papéis e, se não estivermos atentos, eles nos engolem pelas expectativas sociais advindas de cada um deles.

Atualmente, podemos observar uma verdadeira inversão dos valores sociais. O individualismo, a falta de solidariedade e a disputa desleal estão cada vez mais presentes. As pessoas têm naturalizado papéis sociais que nem sempre correspondem a seus interesses pessoais, mas que se apresentam como alternativas para obter sucesso e na vida a qualquer custo.

Os maiores desafios nas relações humanas, hoje, estão associados às relações pessoais e interpessoais. Nas relações do ser humano consigo mesmo, isso se manifesta na falta de autoestima, de autocontrole, de segurança e de coragem para os enfrentamentos do dia a dia. No âmbito das relações interpessoais, como poderemos amar ao próximo se não amarmos a nós mesmos? As relações de desigualdade geram conflitos, disputas e desrespeito em relação ao outro. Para Bustos (1999), esses desafios estão associados aos papéis e às circunstâncias da vida.

As transformações ocorridas na sociedade atual interferiram em nossos papéis pessoais, sociais e profissionais. Compreender como esses papéis se consolidam é fundamental para realizar adequações no exercício da espontaneidade. Quando analisamos essas mudanças, observamos forças internas e externas operando sobre nossos desejos e necessidades, criando brechas entre o meu eu e as expectativas sociais desse eu e, também, para a compreensão do que não é o meu eu. Para exemplificar, podemos citar as mudanças que as famílias vêm enfrentando. É no contexto familiar que se inicia a construção do eu e dos papéis, de modo que ela é o espaço fundamental para o desenvolvimento do ser humano. Segundo Moreno (2016), é na família que se constitui a placenta social da criança, seu primeiro universo, seu *locus*, um local de segurança, orientação e guia. A família é o contexto no qual o primeiro papel, o de filho, estabelece-se. Para Bustos (1999), a família é o primeiro indício de estrutura organizadora de conduta, o espaço em que o papel complementar de mãe é instituído como o primeiro ego auxiliar.

De acordo com Bustos (1999), no **cluster 1**, também chamado de *cluster materno*, predominam os papéis fisiológicos ingeridor, defecador e urinador. O autor defende que, nessa fase, ocorre a constituição de protopapéis e não papéis propriamente ditos, por não haver os papéis de complementaridade, apenas os fisiológicos.

Nesse *cluster*, a mãe exerce um papel fundamental e influencia o desenvolvimento psicológico e fisiológico da criança tanto de forma positiva quanto negativa. Todo o desenvolvimento está condicionado a essa fase. Segundo Bustos (1999), o papel, na teoria moreniana, antecede e organiza a consolidação do eu.

Essa teoria está em consonância com a teoria psicanalítica de relação de simbiose, que caracteriza a relação dupla ou binária entre mãe e filho. O pai desempenha o papel de novo ego auxiliar, cuja finalidade é mediar a relação entre mãe e filho e quebrar a simbiose. Essa fase é chamada por Bustos (1999) de ***cluster 2***, ou *cluster paterno*. Nela, cabe ao pai o papel de apresentar ao filho os desafios da autonomia e ensinar-lhe a caminhar por sua conta e risco, o que provoca uma assimetria na relação entre mãe e filho. O papel do pai é o de complicar, dificultar e oferecer as condições para que o filho desenvolva o poder de confiança, a iniciativa, o respeito à autoridade e o senso de liderança. É nessa fase que se desenvolvem as condições para o desempenho dos papéis sociais.

No ***cluster 3***, também denominado *cluster fraterno*, é o terceiro papel da relação, que poderá ser desempenhado pelos irmãos. É o momento em que a criança é capaz de diferenciar o eu de um tu, os objetos de pessoas e a fantasia da realidade.

Nesse momento, as relações deixam de ser assimétricas e passam a ser simétricas, quebra-se a dependência entre mãe e filho e estabelecem-se relações igualitárias por meio de novos vínculos, o que possibilita o desenvolvimento de novas habilidades, como a negociação, a competitividade, a rivalidade e o compartilhament; habilidades estas fundamentais para a vida adulta e coletiva. Nasce, então, nesse *cluster*, o sentido do nós.

O ***cluster 4***, ou *cluster do eu consigo mesmo*, desenvolve-se em decorrência da consolidação dos últimos três. É nele que ocorre a descoberta do ser espontâneo de Moreno e desenvolve-se a capacidade para viver o aqui e agora, sendo esse um momento de plena consciência de si e do outro.

Quando não ocorre o desenvolvimento desse *cluster*, a pessoa terá, na vida adulta, um baixo índice de espontaneidade e ficará presa ao passado, fixada nos papéis primários entre os *clusters 1 e 2*, principalmente nos papéis complementares internos e patológicos.

Bustos (1999, p. 40) denomina *dinâmica do intra* o processo pelo qual "vai sendo configurado um repertório de condutas, das quais uma aparece como característica dessa pessoa". É como se, entre vários personagens, um se sobressaia no primeiro plano, outros se distanciem na obscuridade e outros, ainda, permaneçam inacessíveis. Esses papéis às vezes nos representam e, outras vezes, são apenas expectativas sociais.

A possibilidade de representar, recriar e desenvolver novos papéis, resgatando, por meio da dramatização psicodramática, os conflitos, as alegrias, as tristezas e a desigualdade de cada papel que desempenhamos, é libertadora. As lutas do dia a dia geram angústias internas, fazendo com que, muitas vezes, não possamos encontrar as ações e as respostas adequadas a cada desafio. Os papéis sociais rígidos e conservados podem agir como verdadeiros censores da espontaneidade e da criatividade.

4.4
Relação entre ação, emoção e aprendizagem

Em primeiro lugar, precisamos distinguir o que se entende por atos e ações. Estamos a todo momento em **ação**, mesmo quando nos encontramos em pleno silêncio e repouso absoluto, pois estamos em uma ação: a de inércia total. Nessas ações, que são permanentes, nem sempre agimos de forma positiva. Dizemos que, nesses momentos, nossos atos não são bons, pois nem sempre agimos bem. Portanto, a ação é o resultado ou o efeito de qualquer ato.

E quais **atos** realmente desejamos ter? A resposta a essa pergunta é quase impossível, pois nossos atos, em sua grande maioria, não dependem somente de nós, de nossos desejos, ideias e interesses, mas envolvem um conjunto de fatores que vão além de nossos valores e de nossas perspectivas individuais e pessoais.

Refletir sobre nossos atos e nossas ações e avaliá-los nos dá a capacidade e a possibilidade de entender quem nós somos, onde estamos, o que estamos fazendo e qual é nossa missão nesta vida, neste planeta e nesta dimensão. Esses questionamentos e aprendizados são as bases para o desenvolvimento humano e para o crescimento do ser como pessoa.

Acreditamos que a diferença mais objetiva e clara entre os atos humanos e as ações é que as ações são as escolhas que fazemos, muitas vezes de forma inconsciente, impulsionados por imposições das conservas culturais e das zonas de conforto criadas e afirmadas pelos pensamentos limitantes, que destroem as capacidades humanas de agir de forma criativa e espontânea. Já os atos são as decisões que tomamos buscando um propósito maior do que apenas viver o aqui e o agora.

Nas psicoterapias tradicionais, a ênfase dada é no passado dos indivíduos para lá encontrar possíveis ações, atos ou comportamentos que tenham relação com o momento atual. Na teoria psicodramática, dá-se ênfase à origem dos problemas e de ações, atos, comportamentos e sentimentos do momento atual, ou seja, do aqui e agora, que de alguma forma incomodam o protagonista, o que torna o psicodrama um método de ação atemporal e a-histórico.

O psicodrama é um método cujo objetivo é transformar a ação humana, tanto no campo das relações interpessoais quanto nos contextos pessoais e coletivos que as representam. Pode ser aplicado em vários campos, sobretudo nas áreas de educação e saúde e em organizações e instituições sociais e empresariais. Essas áreas desenvolvem um trabalho comum e, portanto, apresentam desafios semelhantes. Todas elas trabalham, direta ou indiretamente, com a aprendizagem e com o desenvolvimento do ser humano.

É preciso entender a diferença entre os atos de aprender, ensinar e educar. O processo de aprendizagem é o mecanismo, a ferramenta ou o método que utilizamos visando ao ato de ensinar, educar ou aprender. Se o processo de ensino e aprendizagem é direcionado à criança, faz parte da **pedagogia** e, se é destinado ao adulto, faz parte da **andragogia**[2]. Todos os processos de ensino e aprendizagem visam uma transformação do ser humano. A diferença é que a aprendizagem e o ensino escolar ocorrem por meio de um ritual controlado, sistêmico, organizado e estruturado e realizam-se em um local determinado: a sala de aula ou sala de treinamento. O processo é conduzido por profissionais capacitados e contratados para esse fim, isto é, os profissionais de educação e treinamento. A ação, nesse contexto, é totalmente determinada e controlada.

O objetivo do processo de ensino e aprendizagem, nesse contexto, é desenvolver o intelecto por meio da aquisição de conhecimentos previamente selecionados, organizados e estruturados em forma de currículos ou metas programadas em situações de formação profissional.

A essa concepção de ensino que se convencionou chamar de *tradicional* são atribuídas muitas avaliações negativas, que a consideram responsável pela decadência do ensino, pois anulou a ação de protagonista do professor, colocando o aluno como o principal responsável pelo processo de ensino e aprendizagem. Assim, o caos foi instalado. Como alguém que, para se desenvolver, precisa de ajuda pode cuidar de si? Como podemos anular a responsabilidade dos que atuam no processo de ensino e aprendizagem? Como podemos anular

―――――――
2 *Andragogia* é uma vertente da ciência da educação responsável pela educação de adultos. Estuda como os adultos aprendem e os melhores métodos e recursos metodológicos para atender às especificidades desse público. O termo foi cunhado pelo professor alemão Alexandre Kapp em 1833, porém a educação desenvolvida na perspectiva andrológica já era uma realidade desde a Grécia Antiga, com forte influência da filosofia socrática.

a responsabilidade dos egos auxiliares nos cuidados do protagonista no ato do nascimento e em seus primeiros anos de vida?

O ato do educar, que ocorre sobretudo na escola, pode efetivar-se em qualquer lugar, como no trabalho, no sindicato, no teatro, em uma viagem, com os amigos, no lazer, ouvindo uma música, em uma ação concreta ou apenas em uma ação mental, sonhando, imaginando, pensando e criando. Por meio da educação, formamos o caráter, refinamos sentimentos, sedimentamos os valores necessários para o convívio pessoal, social e profissional e ocorre a manutenção do **desenvolvimento integral e permanente**.

Não se ensinam solidariedade, compaixão, honestidade, responsabilidade, ética e motivação, nem os sentimentos de amor, respeito, dignidade, autoestima e respeito às diferenças. Esses valores nós não ensinamos, mas educamos e desenvolvemos. Como? Não com os currículos, as leis da educação, as didáticas, as licenciaturas ou com o notório saber, mas com os modelos de conduta, com a empatia, com nossos valores morais e éticos, com a motivação, o carinho, a atenção, o acolhimento, a autoestima, a criatividade e a espontaneidade de quem educa, ensina e aprende com emoção e de forma significativa no ato e na ação de educar, ensinar e aprender.

Portanto, não há como ensinar e educar sem, ao mesmo tempo, aprender, pois esses papéis são complementares. Não existe professor sem aluno e não existe aluno sem professor. Para Freire (1999, p. 25), "não há docência sem discência, as duas se explicam e seus sujeitos, apesar das diferenças que os conotam, não se reduzem à condição de objeto, um do outro. Quem ensina aprende ao ensinar e quem aprende ensina ao aprender".

4.5
Psicodrama e psicopedagogia

A psicopedagogia surgiu em meados do século XIX, quando as fronteiras entre as ciências naturais, humanas e sociais praticamente desapareceram, principalmente com a teoria da evolução das espécies, formulada por Charles Darwin, e sua apropriação pelo pensamento positivista. Porém, suas raízes remontam ao século XVIII, quando surgiu o Iluminismo e sua compreensão da importância da educação escolar. Defensores do uso da razão e da liberdade como elementos fundamentais para a construção da autonomia do indivíduo, os iluministas viam na instituição escolar uma necessidade imprescindível para as sociedades que se guiassem pelo projeto de esclarecimento.

No século XIX, houve uma enorme expansão das instituições escolares, com o objetivo de atender o maior número possível de pessoas da sociedade, independentemente de sua origem e condição econômica e social. Ao se colocar cada vez mais crianças em sala de aula, com origens e condições diferentes e desiguais, as diferenças no rendimento escolar dos estudantes de uma mesma turma tornaram-se evidentes. Diante desse quadro, surgiram os primeiros testes para explicar a causa dessas diferenças de aprendizagem e estudos com base na psicologia, a fim de superar essas diferenças e auxiliar os professores no ensino de crianças que apresentassem dificuldades de aprendizagem e convívio social.

Os primeiros centros de formação de psicopedagogos foram criados somente em meados do século XX, ainda que, já nas décadas de 1930 e 1940, na França, tivessem surgido os primeiros centros de orientação psicopedagógica, que uniam conhecimentos de psicologia, psicanálise e pedagogia para realizar o atendimento e o tratamento de crianças que apresentassem dificuldades de aprendizagem. No entanto, o primeiro curso de formação universitária em psicopedagogia surgiu apenas em 1956, na Argentina, por iniciativa de Arminda Aberastury.

No Brasil, por influência da Argentina, a psicopedagogia chegou na década de 1970, sendo a Escola da Guatemala, uma escola experimental ligada ao Instituto Nacional de Estudos Pedagógicos (Inep), criada no início da década seguinte, um marco na compreensão de que as dificuldades de aprendizagem estão ligadas a fatores sócio-político-econômicos. Esse entendimento levou a uma inversão na proposta de atuação do psicopedagogo: em vez de atuar após a constatação do problema, era necessário, agora, atuar na **prevenção**.

Por ser uma área que conjuga esforços multidisciplinares – da psicologia, da pedagogia, da neurologia, da psicolinguística e da antropologia, entre outras áreas, – a psicopedagogia busca compreender de que maneira o ser humano aprende e como processa essa aprendizagem. Dessa forma, ao compreender esse processo, é possível identificar quais problemas e dificuldades prejudicam a aprendizagem de uma criança e propor soluções que previnam ou promovam um melhor desempenho na aprendizagem.

Essa rápida retomada da origem da psicopedagogia, bem como de algumas de suas funções, é importante para relacioná-la com o psicodrama. Por *psicodrama* entendemos a teoria criada pelo romeno-judeu Jacob Levy Moreno e que, fundamentada na teoria psicodramática, comporta um conjunto de métodos e técnicas advindos, sobretudo, do teatro e cujo objetivo é fazer com que o indivíduo exprima-se e desenvolva-se de maneira criativa, espontânea e autêntica. Por meio de alguns exercícios psicodramáticos, é possível traçar um perfil dos indivíduos de determinado grupo de maneira a identificar problemas de relacionamento e de aprendizagem, entre outros, visando superá-los pela utilização de técnicas psicodramáticas. O **psicodrama terapêutico** é voltado para o trabalho individual e praticado por psicólogos e terapeutas, ao passo que o **psicodrama pedagógico** pode ser conduzido por qualquer profissional capacitado para atuação com pessoas, como professores, educadores, pedagogos, gestores, treinadores, instrutores, psicólogos, enfermeiros e seguranças do trabalho.

O psicodrama pedagógico, o teatro terapêutico, o teatro *playback* e o teste sociométrico podem ser excelentes instrumentos de trabalho do psicopedagogo em vários campos de sua atuação, principalmente nos espaços escolares. Essas técnicas podem ser utilizadas como ferramenta para identificar e solucionar vários problemas de ensino e aprendizagem, integrando os três personagens centrais e cruciais desse processo: o estudante, a escola e a família. Isso porque os problemas de aprendizagem de determinado estudante ou grupo de estudantes envolvem questões sociais, políticas, econômicas e culturais. Assim, não basta trabalhar apenas com esses sujeitos, e sim com todos os envolvidos em seu processo de ensino e aprendizagem.

Síntese

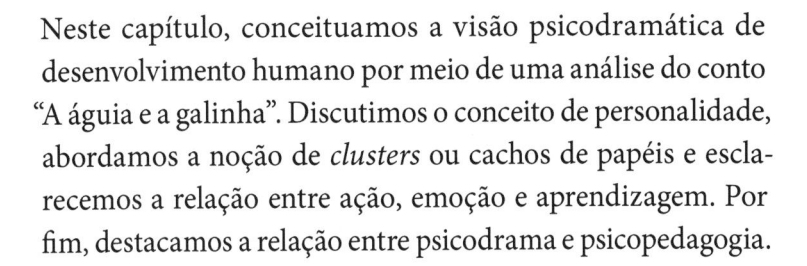

Neste capítulo, conceituamos a visão psicodramática de desenvolvimento humano por meio de uma análise do conto "A águia e a galinha". Discutimos o conceito de personalidade, abordamos a noção de *clusters* ou cachos de papéis e esclarecemos a relação entre ação, emoção e aprendizagem. Por fim, destacamos a relação entre psicodrama e psicopedagogia.

Atividades de autoavaliação

1. Analise as assertivas a seguir e indique V para as verdadeiras e F para as falsas:
   ( ) O conceito tem origem no teatro grego e vem de *persona*, em alusão à máscara que era utilizada para representar as emoções dos atores em cena.
   ( ) A personalidade é uma construção individual que resulta de nossas influências hereditárias, de como agimos e reagimos ao meio social e das experiências que temos ao longo da vida.
   ( ) Segundo Moreno, a personalidade já nasce com o indivíduo, que, com o passar do tempo, pode aperfeiçoá-la.
   ( ) Para Moreno, construímos nosso eu por meio do desempenho de papéis.

   Agora, assinale a alternativa correspondente à sequência correta:
   a) F, F, F, V.
   b) V, F, V, F.
   c) V, V, F, F.

d) V, F, F, V.
e) F, V, V, V.

2. Analise as assertivas a seguir e indique V para as verdadeiras e F para as falsas:
( ) A matriz de identidade é a identidade que trazemos em nossa essência ao nascer. Ela é, portanto, predeterminada.
( ) Lançado em um universo indiferenciado, o recém-nascido tem uma identidade cosmocêntrica, pois ocupa o centro do universo da casa, da família e do momento.
( ) Em seu universo indiferenciado, o recém-nascido necessita que seus egos auxiliares (mãe, pai, enfermeiros, médicos etc.) façam o que ele ainda não pode fazer de maneira independente.
( ) A matriz de identidade é o espaço no qual o ser humano será acolhido e possibilita iniciar, de forma positiva ou negativa, seu desenvolvimento, sua aprendizagem e a construção de sua existência.

Agora, assinale a alternativa correspondente à sequência correta:

a) F, F, F, V.
b) V, F, V, F.
c) V, V, F, F.
d) V, F, F, V.
e) F, V, V, V.

3. Assinale a alternativa correta no que se refere à matriz de identidade total indiferenciada:

a) Segundo Moreno, a linguagem é dispensável no processo de desenvolvimento da personalidade.
b) Na fase da matriz de identidade total indiferenciada, não há diferença entre o eu e o outro.
c) Na matriz de identidade total indiferenciada, a identidade passa a ser outrocêntrica, isto é, o outro é o centro, a aprendizagem efetiva-se por imitação, e a comunicação ocorre por espelhagem.
d) Na fase da matriz de identidade total indiferenciada, o eu nega a própria existência e vive apenas do que o outro lhe espelha.
e) O aprendizado por cunhagem é fundamental para o processo de desenvolvimento que ocorre com a espelhagem, com vistas a superar a fase outrocêntrica.

4. Assinale a alternativa correta no que se refere aos papéis psicodramáticos:
a) Papéis psicodramáticos são personificações de coisas imaginadas e correspondem à dimensão mais individual da vida psíquica do indivíduo.
b) Os fatores genéticos, da espontaneidade, da tele e do ambiente dão origem à personalidade. Porém, esses fatores não são determinantes desde a primeira fase da matriz de identidade.
c) Apesar da espontaneidade, não é possível transitar entre um papel e outro, o que possibilitaria a passagem do mundo da fantasia para o mundo da realidade e vice-versa, como um princípio de gestão da adequação individual e social.

d) Nos papéis sociais operam fundamentalmente a função da realidade mediante a interpolação de resistência, isto é, verdades que são impostas.
e) Os papéis psicossomáticos são os primeiros que contribuem para a consolidação do ego e não necessitam dos primeiros egos auxiliares para se desenvolver.

5. Analise as assertivas a seguir e indique V para as verdadeiras e F para as falsas:
( ) O processo de inversão de papéis ocorre mediante o desenvolvimento integral do eu, da capacidade de imitação e de identificação com o outro.
( ) Durante a inversão de papéis, a aprendizagem passa por várias fases e a identidade muda de sociocêntrica para egocêntrica até chegar à identidade cósmica.
( ) Para que ocorra a inversão de papéis, é preciso que o ser humano consiga interagir com os demais papéis sociais, criando vínculos, empatia e respeito espontâneo.
( ) O fator tele é uma forma de empatia que ocorre de forma unilateral, sem equívocos e/ou distorções.

Agora, assinale a alternativa correspondente à sequência correta:
a) F, F, F, V.
b) V, F, V, F.
c) V, V, F, F.
d) V, F, F, V.
e) F, V, V, V.

Atividades de aprendizagem

Questões para reflexão

1. Explique o que é a teoria dos *clusters* e qual é a função de cada um dos quatro *clusters*, segundo Bustos (1999).

2. Elabore um texto dissertativo sobre a matriz de identidade formulada por Moreno.

Atividade aplicada: prática

1. A teoria dos *clusters* busca analisar e compreender as relações que se estabelecem na fase da matriz de identidade. Procure uma família com pai e mãe (ou com pessoas que desempenham esses papéis) e que tenha um filho entre 1 e 3 anos e, se possível, com um irmão mais velho. Em seguida, com o consentimento dos pais, realize uma entrevista com questões previamente elaboradas, a fim de analisar de que maneira ocorre a teoria dos *clusters* nessa família.

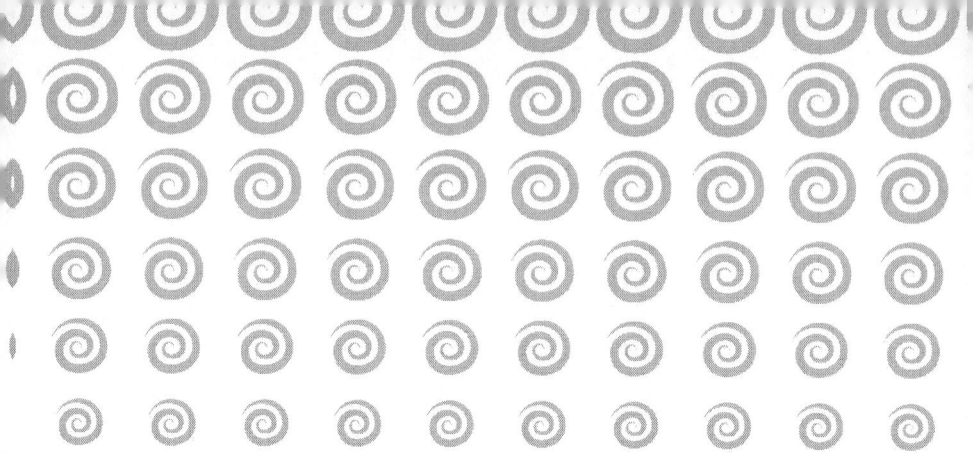

5
Aplicações do psicodrama em contextos individuais e grupais

Neste capítulo, trataremos da aplicação de técnicas psicodramáticas em contextos individuais e grupais. Para tanto, faremos uma diferenciação entre as técnicas genuínas e afins. As técnicas genuínas são aquelas diretamente ligadas à teoria psicodramática e utilizadas como recursos para construir uma dramatização. São genuínas porque seguem um protocolo e não podem sofrer alterações, devendo ser aplicadas e desenvolvidas de forma única, sem adaptações. Já as técnicas

Aplicações do psicodrama em contextos individuais e grupais

afins do psicodrama são as que não têm origem nele ou em suas teorias e cujo objetivo é contribuir para a consolidação da ação psicodramática nos vários momentos da sessão, como aquecimento específico, aquecimento inespecífico, encontro com o protagonista, dramatização e compartilhamento.

5.1
Entrevista e avaliação

Atualmente, as empresas e as instituições, quando necessitam selecionar profissionais para compor seus quadros funcionais, buscam os melhores disponíveis no mercado. Para que não haja erro, a avaliação deve ser criteriosa, pois é muito comum as empresas contratarem visando à formação e à qualificação técnica mas, pouco tempo depois, acabam tendo de demitir o profissional por fatores comportamentais. Para que esse problema não ocorra, há uma busca permanente por métodos que possibilitem uma avaliação integral do candidato, por meio da utilização de mecanismos e ferramentas eficientes e capazes de mensurar as capacidades intelectuais, técnicas, culturais e emocionais dos candidatos.

Os **processos seletivos** estão cada vez mais criativos, porém predominam os métodos que utilizam entrevistas e dinâmicas de grupo. Muitas vezes, os candidatos sentem-se despreparados para esses momentos e injustiçados por não saberem o que os levou à reprovação. Geralmente, não há um *feedback* que permita que o candidato prepare-se melhor para o próximo processo. Por meio da teoria psicodramática, poderemos possibilitar que esses momentos sejam de prazer, alegria, motivação e de plena realização do desempenho de seu papel profissional.

Para Moreno, o ser humano nasce espontâneo, criativo, sensível e com os papéis necessários para se desenvolver em todas as dimensões e facetas de sua vida. O que faz com que ele não obtenha sucesso em suas empreitadas são o meio em que vive e os sistemas organizacionais e sociais, os quais Moreno chama de *conservas culturais*. Esses sistemas são mecanismos constrangedores, traumatizantes, censuradores e até violentos, capazes de destruir a espontaneidade e a criatividade do ser humano.

A teoria psicodramática, porém, pode fazer que eles sejam de prazer, alegria, motivação e plena realização do desempenho de seu papel profissional. Afinal, esse momento é muito importante para a vida profissional do ser humano, pois é um rito de passagem que marcará seu papel profissional de forma positiva ou negativa para sempre.

As técnicas de dramatização, treinamento de papéis, teatro espontâneo, teatro *playback* e todos os recursos e dinâmicas de simulações e representações, individuais e coletivas, são ferramentas centradas na ação, no momento, no aqui e agora. Por meio delas, os participantes podem ser avaliados para que se verifique se eles atendem a prestabelecidos critérios e estão aptos a determinada função. Esses procedimentos possibilitam avaliar, em situações isoladas ou em processos coletivos, as emoções, as ações, as reações e os procedimentos interacionais e comunicacionais de cada participante em relação ao perfil esperado ou desejado.

Vejamos, a seguir, como podemos trabalhar com os instrumentos de uma sessão de psicodrama:

- **Cenário:** pode ser uma sala ou um tapete.
- **Protagonista:** é o participante, que poderá ser o aluno, o candidato, o professor, o estagiário etc.
- **Diretor:** é quem vai aplicar o jogo, a sessão ou a dinâmica. Poderá ser um psicólogo, pedagogo, psicodramatista, professor ou responsável pelo RH (entrevistador).
- **Ego auxiliar:** se o trabalho for individual, esse papel será executado pelo diretor ou pelos auxiliares. Se a atividade for em grupo, esse papel será desempenhado pelo próprio grupo.
- **Público:** é constituído pelo candidato e pelo entrevistador, quando a entrevista for individual. Quando for coletiva, será o grupo.

A **avaliação dos testes** pode ser feita de várias formas. Nos momentos de atuação, representação e dramatização dos papéis psicossomáticos, sociais, psicodramáticos e fisiológicos, é possível analisar como o participante se comporta em relação ao comer, dormir e urinar. Nos papéis sociais, pode-se verificar como se comporta no tocante aos papéis de cônjuge, pai, mãe, filho, estudante ou provedor. No papel profissional, é possível analisar o que o sujeito faz, se é bancário, engenheiro, técnico etc. Nos papéis psicodramáticos, uma possibilidade é analisar as manifestações de fantasia, como de herói, salvador, vítima, vitorioso, conquistador, ídolo, entre outras.

Precisamos estar atentos e observar as fantasias, os sonhos, os desejos, as tristezas e as angústias do indivíduo. É possível analisar, por exemplo, o comportamento de disciplina, o senso de organização e a tendência a detalhes e em quais aspectos da vida a pessoa se detém mais, como família, lazer, saúde, sexo ou amigos. Também são importantes a observação, a análise e a mensuração das capacidades individuais, como fluência verbal, comunicação corporal, postura, asseio, apresentação pessoal, vocabulário, concentração, organização do raciocínio e dinâmica vocal. É fundamental analisar a capacidade de improviso, a espontaneidade e a criatividade do participante, pois são atividades nas quais ele sai da condição de agente passivo e entra na condição de ativo, de foco das atenções, e precisa saber lidar com essa condição que, para muitos, é dramática e causa muitas tensões.

Pode-se averiguar se todos os dados obtidos em uma entrevista seletiva padrão vão emergir e comprovar-se no teste de espontaneidade de uma forma criativa, completa e dinâmica, sem os constrangimentos tão comuns e desnecessários nesses processos tradicionais. Ao término do processo avaliativo, teremos em mãos dados mais ricos e verdadeiros, que retratam a realidade individual dos participantes, suas características, seus diferenciais e suas especificidades.

A avaliação costuma ser marcada por angústia, tensão, medo e insegurança. Essa característica da avaliação tradicional é contraproducente para o desenvolvimento humano e não contribui para a análise do perfil do indivíduo. Portanto, a avaliação planejada sob uma perspectiva psicodramática tem como objetivo favorecer o desenvolvimento humano, seja na revisão e na aquisição de novos conhecimentos, seja para lidar com emoções e tensões e aprender a viver em estado de pressão, evitando o estresse, o medo e a insegurança tão comuns nos métodos tradicionais, o que, para Moreno, configura uma conserva cultural. O método de avaliação do psicodrama possibilita mais participação dos envolvidos não somente no campo intelectual, mas também nas esferas intuitiva, criativa, emotiva e corporal, de forma integral, promovendo uma educação para a libertação e para a autonomia.

5.2
Técnicas de intervenção

As técnicas básicas de intervenção do psicodrama são chamadas de *técnicas genuínas do psicodrama*. Ao serem aplicadas de forma genuína, isto é, da forma como devem ser, garantem o rigor científico do método psicodramático. Elas estão diretamente ligadas à teoria psicodramática. Vejamos, a seguir, algumas delas.

5.2.1
Tomada de papel, troca de papéis, inversão de papéis ou *role-play*

Na tomada ou troca de papéis, o protagonista é levado a representar seu papel complementar na dramatização. Ele troca de papel com seus interlocutores e assume estes alternativamente, colocando-se no lugar do outro.

Os principais objetivos dessa técnica são:

- diagnosticar a percepção do protagonista acerca de seus papéis complementares;
- possibilitar e fornecer material para o diretor e os egos auxiliares;
- provocar *insights* e levar à compreensão do protagonista;
- conhecer as figuras do mundo interno do protagonista;
- entrevistar os personagens para uma caracterização;
- catalisar estados inconscientes comuns presentes na relação íntima entre duas ou mais pessoas.

Essa técnica trabalha essencialmente com o conceito de *tele*, que é a capacidade humana de atração, rejeição ou indiferença por meio da comunicação. Segundo Moreno, a tele é a menor unidade de afeto transmitida de um indivíduo para outro em sentido duplo.

A teoria da matriz de identidade também é trabalhada na terceira fase, quando o eu pode ser o tu, mas o tu não pode ser o eu; e na fase plenamente eu, na qual o eu pode ser o tu e o tu pode ser o eu, quando o sujeito tem a capacidade de trocar papéis por meio das brincadeiras teatrais.

É possível, ainda, trabalhar o método *role-play*, ou seja, jogo de papéis ou treinamento de papéis. Outra possibilidade é utilizar a teoria da sociometria para a medição de vínculos relacionais entre os seres humanos.

A técnica de inversão de papéis só é possível mediante a presença real das pessoas que serão trabalhadas no contexto dramático. É por esse motivo que ela é denominada *troca de papéis* ou *tomada de papéis*, pois é realizada pelos egos auxiliares.

Essa técnica permite refletir sobre a questão da empatia, isto é, a capacidade de nos colocarmos no lugar de nosso semelhante e de ver e sentir como o outro.

5.2.2
Duplo ou princípio do duplo[1]

A técnica do duplo, ou princípio do duplo, consiste no desenvolvimento de ações que desencadeiam sentimentos, expressões, fantasias e verbalizações do protagonista por meio da atuação do diretor ou dos egos auxiliares.

O diretor ou os egos auxiliares dizem em alto e bom som aquilo que está nas entrelinhas e que o protagonista não consegue expressar verbalmente, ou que está sendo dito de uma forma e o sentimento é outro, isto é, algo que não está sendo dito de modo direto, mas incomoda o protagonista. É uma forma de oficializar o que não está oficializado e de o diretor e os egos auxiliares assumirem e interpretarem o papel do protagonista, fazendo por ele o que, naquele momento, ele não consegue fazer por si. Trata-se, assim, de dar voz a algo que não sai de forma direta, clara e objetiva.

Os principais objetivos dessa técnica são:

- interpretar o que o protagonista está comunicando de forma confusa;
- auxiliar o protagonista a fazer o que ele não consegue;

---

1 As técnicas do princípio do duplo, do solilóquio e da interpolação de resistência foram abordadas nesta obra com base em Aguiar (1988), Rojas-Bermudez (1977) e Diaz (1996).

- levar o protagonista a conhecer-se por meio do outro e a construir sua identidade;
- proporcionar ao protagonista um inconsciente auxiliar.

Nessa técnica, trabalhamos com a teoria da matriz de identidade em sua primeira fase, a da indiferenciação, caracterizada pela dependência total do bebê em relação à mãe, que, por sua vez, realiza o papel de primeiro ego auxiliar, também denominado *duplo*, ou seja, a mãe realiza pelo protagonista, o bebê, tudo o que este não consegue fazer por si. Também é possível explorar a teoria de tele, que consiste na sensibilidade ou na capacidade humana de captar os estados afetivos e emocionais do outro. Essa sintonia entre protagonista, diretor e egos auxiliares é fundamental.

5.2.3
Solilóquio

A técnica do solilóquio é baseada no gancho para o ato da fala ou do monólogo do teatro clássico. O solilóquio é a possibilidade que o protagonista tem, durante a dramatização, de pensar em voz alta e, sozinho, fazer um monólogo consigo, isto é, um aparte.

Traduzindo para uma linguagem popular, poderíamos dizer que é o tradicional "falar com nossos botões", "pensar em voz alta" ou "falar consigo mesmo".

O solilóquio pode ser realizado pelo protagonista, pelo diretor ou pelos egos auxiliares. Os dois últimos o fazem quando há um silêncio longo e profundo do protagonista.

Nesse caso, ambos fazem para o protagonista o papel de duplo e aplicam a técnica do solilóquio.

Os principais objetivos dessa técnica são:

- possibilitar ao protagonista consciência de seus pensamentos;
- proporcionar ao protagonista entrar em contato com seus eus interiores;
- trabalhar resistências na comunicação (pensar uma coisa e dizer outra);
- manter o protagonista em seu papel.

Essa técnica é fundamentada nas teorias do teatro terapêutico de Moreno e no monólogo do teatro clássico. Na teoria da matriz de identidade, está associada à fase do eu: eu sou ele, momento em que a criança tem uma identidade egocêntrica e fala sozinha por meio de solilóquios. Também vincula-se à fase do duplo, quando a criança necessita da utilização dos egos auxiliares; e à teoria da tele, isto é, à percepção télica do ego conforme as necessidades do protagonista.

5.2.4
Interpolação de resistência

Na interpolação de resistência, o ego auxiliar faz uma alteração brusca daquilo que foi planejado pelo protagonista, exigindo que este tenha uma atuação diferente, nova, inesperada e de improviso. A cena sofre uma modificação proposital pelo diretor, em oposição ao projeto do protagonista. O objetivo da alteração é a criação de situações artificiais com egos que provoquem reações adormecidas do protagonista e que precisam vir à tona, de modo que ele seja retirado da zona de conforto, ou, ainda, que trabalhem com contradições entre dois polos: o papel e o contrapapel.

Os principais objetivos dessa técnica são:

- possibilitar ao protagonista vivenciar novas situações, que exigem outras respostas;
- exercitar a criatividade e a espontaneidade;
- enfrentar as figuras de seu mundo interno criativamente;
- exercitar os papéis e os respectivos contrapapéis;
- substituir uma realidade cristalizada por outra;
- trabalhar as resistências das zonas de conforto;
- aprender a aceitar as resistências do outro sem negar a si mesmo.

A técnica aplica a teoria da conserva cultural, que consiste nas respostas prontas e cristalizadas, utilizadas de acordo com nossas necessidades cotidianas, em contraposição à teoria da espontaneidade e criatividade, que fornece respostas adequadas a uma situação nova ou uma resposta nova a uma situação já conhecida. Também observamos, nessa técnica, sua relação com a teoria dos papéis, que caracteriza a forma de o indivíduo estar no mundo e a cristalização de suas experiências pessoais e coletivas.

5.2.5
Intervenção direta do diretor

Essa técnica consiste na intervenção do diretor na dramatização, que interrompe e chama a atenção do protagonista para algo que ele não está percebendo. São coisas do eu do protagonista ditas pelo diretor. A diferença entre a técnica de intervenção direta do diretor e a do duplo é que o diretor intervém no seu papel, e não no papel do protagonista ou de seus complementares.

Os principais objetivos dessa técnica são:

- chamar a atenção do protagonista para algo que ele não está vendo;
- entrar no eu do protagonista e falar com ele no papel de diretor;
- intervir para a manutenção da pauta do protagonista.

A técnica tem como fundamentação teórica a matriz de identidade na fase eu-tu; o conceito de tele e de sintonização télica entre diretor e protagonista; e a espontaneidade do diretor para uma intervenção adequada.

5.3
Técnicas individuais

Vejamos, a seguir, as principais técnicas individuais do psicodrama.

5.3.1
Entrevista

A entrevista é realizada pelo diretor, por meio de uma intervenção direta na cena, em que, em *off*, ele conversa com o protagonista. Tem como objetivo obter informações sobre o projeto do protagonista e que lhe permitam a tomada de consciência e de decisões.

Apesar de ser uma técnica muito utilizada no psicodrama, não é citada por muitos psicodramatistas. Nas bibliografias consultadas, dois autores citam-na especificamente: Moysés Aguiar, em *Teatro da anarquia* (1998); e Victor Diaz, em *Sonhos e psicodrama interno* (1996).

5.3.2
Espelho

O espelho é uma técnica aplicada nos momentos em que o protagonista não tem percepção de seus atos, ações e expressões e não se percebe diante de uma situação.

Consiste em os egos auxiliares espelharem e repetirem, ou seja, imitarem as ações do protagonista, enquanto este observa de fora da cena. É fundamental, nessa técnica, analisar expressões corporais, gestos e tiques. O corpo e seus movimentos conscientes e inconscientes devem ser o foco central de análise e de reprodução. Para compreender melhor a importância dessa técnica, recomendamos a leitura do livro *O corpo fala: a linguagem silenciosa da comunicação não verbal*, de Pierre Weil e Roland Tompakow (2015), e uma pesquisa sobre o conceito de *rapport*.

5.3.3
Desdobramento do eu

Essa técnica é baseada na teoria da matriz de identidade, na fase do o não eu é o outro, em que o centro está no outro, isto é, a criança espelha-se no outro e o imita. É importante haver uma boa preparação do diretor e do ego auxiliar para a realização dessa técnica, a fim de evitar a caricatura. Trata-se de uma variação da técnica do espelho e na qual o ego auxiliar adota atitudes, emoções, pensamentos, comportamentos e sentimentos que o protagonista não consegue ter, adotar, sentir ou transmitir.

5.3.4
Autoapresentação

A autoapresentação é uma técnica muito utilizada no psicodrama e consiste na apresentação do protagonista e dos personagens que fazem parte de sua vida e que, no momento de sua representação, participarão da dramatização.

Suas principais características são:

- é baseada no teatro clássico e no teatro terapêutico;
- o protagonista apresenta-se conversando consigo mesmo, falando de si e de seus conflitos;
- o protagonista apresenta as pessoas de seu vínculo como se fosse eles;
- a apresentação ocorre por meio de uma imagem estática ou com movimentos; pode-se utilizar o solilóquio para apresentar as imagens;

- o autodrama também pode ser utilizado para apresentar os personagens;
- bonecos, marionetes e ícones podem ser utilizados para intermediar a apresentação.

5.3.5
Apresentação do átomo social

Consiste em apresentar o universo, o mundo social do protagonista, no qual ele desempenha os papéis sociais existentes em seu átomo social, isto é, mostrar suas relações afetivas e como ele se situa nos grupos sociais, como a família, as amizades e o trabalho. Nos grupos socioculturais, pode-se apresentar os papéis que ele desempenha na sociedade como um todo. É importante utilizar recursos que possam intermediar a apresentação, como objetos, ícones, símbolos e imagens.

5.3.6
Técnicas individuais afins

Vejamos, a seguir, as principais técnicas individuais afins do psicodrama.

Sem palavras

Consiste em trabalhar na representação visual e plástica de uma cena, real ou imaginária. O único recurso que pode ser utilizado é o som. Não é permitida a utilização da fala. A análise do diretor deverá ser mediante a sonoridade.

Aplicações do psicodrama em contextos individuais e grupais

⊚ Psicodança

Consiste na expressão por meio do corpo, da dança e dos movimentos estéticos do copo. A música pode ou não ser utilizada, a critério do diretor.

⊚ Psicodrama de marionetes

Consiste na utilização de bonecos de marionetes como objetos intermediários para facilitar a comunicação e diminuir as resistências, facilitando a interação entre professor e estudante, terapeuta e paciente. Podem ser marionetes, fantoches e bonecos de vários modelos e materiais, comprados ou confeccionados pelos próprios participantes, estudantes e pacientes.

⊚ Concretização

Consiste em concretizar uma situação subjetiva, ou seja, tornar concreto algo abstrato, uma ideia, trazendo do mundo interno e subjetivo algo que precisa ser materializado e vivido no mundo externo, objetivo e concreto. Por exemplo, materializar ou concretizar uma dor, uma felicidade, uma raiva ou uma saudade.

⊚ Maximização

Segue o mesmo princípio da técnica de concretização. Consiste em amplificar sentimentos, emoções, pensamentos, gestos e sensações, tornando-os gradativamente alterados em sua intensidade, gigantescos e desproporcionalmente muito maiores do que realmente são. Essa estratégia provoca um efeito de distanciamento, ou seja, torna os sentimentos, as situações e as emoções muito maiores do que realmente são. Quando os trazemos de volta à sua real dimensão, percebemos que não são tão grandes, ameaçadores e insuportáveis como imaginávamos. Portanto, na realidade concreta, somos capazes de dominá-los, controlá-los e de nos libertar do que nos aprisiona, vivendo intensamente o que, na imaginação, era destruidor. O objetivo é provocar um distanciamento, afastar-se para olhar de fora e tomar consciência do real problema.

Lentificação

Segue o mesmo princípio e tem o mesmo objetivo da maximização, porém faz o movimento oposto, isto é, torna ações, pensamentos, emoções e sentimentos muito lentos, como se estivessem sendo realizados em câmera lenta.

Corporificação

A corporificação segue o mesmo princípio da técnica de concretização, ou seja, utiliza o corpo e a linguagem corporal em detrimento da linguagem verbal.

Projeção para o futuro

Essa técnica tem como objetivo fazer com que o estudante ou paciente imagine e descreva como será seu futuro. Consiste em um jogo que se inicia com uma técnica de respiração e relaxamento, seguida de uma conversa sobre a vida atual para, progressivamente, imaginar o futuro. Essa técnica pode estimular a elaboração onírica, o que cria ganchos promissores para a próxima técnica que destacaremos, o onirodrama. Assim, pode-se solicitar aos estudantes, pacientes e participantes que anotem todos os *insights*, sonhos e ideias que se manifestarem durante o processo do trabalho com o psicodrama.

⊚ Onirodrama

Baseando-se na teoria moreniana, o psicodrama trabalha com a interpretação dos sonhos, tendo como premissa que os sonhos são uma representação do protagonista que sonha. Seu autor é ele, seu diretor é ele e, portanto, seu melhor intérprete deve ser ele. Porém, a visão psicodramática não trabalha com as interpretações clássicas, mas com a interpretação realizada pelo criador do sonho, ou seja, a pessoa revive seu sonho na ação dramática.

5.4
Técnicas grupais

As técnicas grupais são recursos e ferramentas que podem ser utilizados em contextos, atividades e procedimentos de grupo. Vejamos a seguir.

5.4.1
Videopsicodrama

Essa técnica tem como objetivo a produção de filmes psicodramáticos para serem exibidos a terceiros. O videopsicodrama funciona como um espelho para o grupo, que se torna espectador de si mesmo, ou seja, vê-se de fora. No campo pedagógico, tem um importante papel para a supervisão de atuação, monitoramento e treinamento.

5.4.2 Psicodrama interno, bipessoal ou de relação

O psicodrama interno, bipessoal ou de relação corresponde à utilização de várias técnicas objetivando a exteriorização de expressões, conceitos, concepções, ideias e emoções íntimas e sinceras do ser. Relacionaremos e sistematizaremos aqui algumas dessas técnicas, que consideramos ser importantes contribuições para o mundo acadêmico e para o psicodrama pedagógico. São elas:

- Elaboração de imagens e esculturas para exteriorização de conceitos, concepções e ideias de conteúdos curriculares ou temas extracurriculares.
- Jogos dramáticos de representação, seguindo algumas regras preestabelecidas.
- Historiodrama: contar histórias e depois representá-las sem muita formalidade, de forma espontânea.
- Fotografar um tema, conteúdo ou realidade, trabalhar com imagens, criar uma história, representar, criar um filme ou montar um painel, fazer um álbum seriado com as fotografias e expô-las.
- Cadeira vazia: consiste em administrar uma realidade, um tema, um conflito ou uma situação. A cadeira vazia está em cena. Quem estiver preparado para resolver o

problema assume o papel de diretor e, no papel correspondente, apresenta a solução. Por exemplo: diretor da escola, professor, prefeito, mãe, amigo etc.

- Vestir fantasias e baú da fantasia: tem o mesmo princípio e objetivo da cadeira vazia, porém com figurinos e adereços, e visa criar situações novas e mais desafiadoras. É fundamental que esses temas e situações estejam presentes na realidade dos participantes, estudantes e pacientes.

5.4.3
Musicodrama ou psicomúsica

Essa técnica tem várias aplicações. Vamos descrever uma experiência que vivenciamos em uma das formações de que participamos. Na ocasião, a psicodramatista realizava uma demonstração sobre a técnica de musicodrama ou psicomúsica.

No aquecimento, ela propôs que buscássemos tirar sons de nosso corpo, identificássemos suas sensações e suas possibilidades instrumentais. Observamos, então, quantos sons seria possível tirar do nosso corpo. Em um segundo momento, ela pediu que prestássemos atenção nos sons da laringe e nos sons guturais. Foi marcante para nós perceber o poder comunicativo desses sons e sua capacidade de trazer à tona sentimentos e emoções pessoais muito fortes, profundos e variados. Gradativamente, esses sons foram-se agregando aos sentimentos coletivos e chegaram a um contexto mágico. O grupo espontaneamente agrupou-se, foi-se integrando e aconteceu uma catarse de integração. Todos juntos em uma só energia, em uma só frequência e em um só aqui e agora.

5.5
Participação dos pais

O grupo familiar apresenta características especiais e, nele, os indivíduos compartilham situações históricas, culturais, sociais, econômicas e afetivas. A família é uma unidade social emissora e receptora de influências, é uma microssociedade dentro de uma sociedade mais ampla, na qual se criam códigos de sinais e um sistema de comunicação com uma dinâmica grupal própria. As relações que o indivíduo vai estabelecer com o mundo externo, positivas ou negativas, dependerão dessas relações internas que ocorrem no seio de sua família. Quando os canais de comunicação se bloqueiam, as mensagens são confusas, e os papéis, rígidos e estereotipados, o que dá origem a uma situação de **desequilíbrio interno e externo** que propicia o desenvolvimento de enfermidades e relações tóxicas, doentias ou deficitárias.

O aluno ou o paciente em desequilíbrio, psicótico ou enfermo, é o depositário da enfermidade de um grupo que o consagra como tal para manter seu equilíbrio. Os conflitos mais comuns são a negação da sexualidade, o mau manejo da agressão e as dificuldades de aprendizagem, como resultado da fuga às normas e aos valores socialmente consagrados.

5.5.1
Psicodrama para crianças

Na terapia tradicional, o analista procura estabelecer uma distância em relação ao paciente, observando-o e analisando-o de longe. No psicodrama, o terapeuta joga, brinca e participa com o paciente, individualmente ou com todo o grupo. Os recursos utilizados com as crianças são os mesmos adotados com adultos, com algumas adaptações.

Com as crianças, recomendamos o uso da ação em detrimento da verbalização, principalmente na solução de seus conflitos. Podem-se utilizar brinquedos, fantoches ou objetos intermediários, combinados com as técnicas psicodramáticas nos momentos de dramatização. As crianças são naturalmente espontâneas e criativas, basta direcioná-las para os objetivos propostos que tudo acontece naturalmente.

Para finalizar este capítulo, saliento a importância do jogo, das técnicas e do ato de representar. O poema a seguir, de minha autoria, foi escrito durante minha formação como psicodramatista, na Contextto, sob a orientação de Aldo Silva Júnior (*in memoriam*) e Marisa Schmitd Silva. Exemplos de sabedoria, de educadores e de psicodramatistas. Meus eternos mestres.

> **Poema-jogo (des)humano**
>
> Quantos jogos joguei?
> Quantos sonhos sonhei?
> Quantas brincadeiras inventei?
> Quantos caminhos viajei?
>
> Brincadeiras na mão.
> Esperança no coração,
> Liberdade de criação.
> Minha natureza era ação.

Bola, boneca, carrinho,
Perna de pau, corrida, hospital.
Esconde-esconde, caídas? Normal!
Três-marias, adivinha o animal.

Construiu-se o humano.
Que não brinca mais de pano.
Construiu-se o "normal",
Que não é mais um igual.

Acabou a alegria,
Estancou a fantasia.
Um banho de água fria,
Num fogo humano que nascia.

O jogo muda a regra,
A regra muda a exceção
E agora o humano,
É só desilusão.

Correu, lutou, brigou,
Cansou, parou, cedeu,
Resistiu, pariu, insistiu.
No fim desistiu e sumiu.

Perdeu a ilusão...

Já não joga mais pião.
Vai à luta buscar o pão,
Mas nem esse,
Consegue não.

O jogo da sobrevivência,
Cruel cheio de indecência
Está levando-o à falência,
E ele nem tem consciência.

Mas ele vai voltar,
A qualquer momento vai chegar.
Um novo jogo vai começar,
Onde sua liberdade vai reconquistar.

Não mais inocente,
Agora mais coerente,
Não menos insistente,
Com muita vontade de ser gente.

Agora vou parar,
Meu humano vou buscar.
Não posso me demorar,
Pois a vida rápida, vai passar.

Você já encontrou o seu?
Se já, parabéns, você venceu.
Se não, não desista
Vá em frente e insista!

Este placar não é eterno,
Tem de haver segundo tempo.
É aí que eu tento,
Parar esse intento.

Esse poema retrata como são os jogos em nossas vidas.

Síntese

Neste capítulo, analisamos a riqueza de recursos técnicos e instrumentais do psicodrama e como eles podem contribuir para a realização de nossos trabalhos, sejam eles individuais ou grupais, sejam eles no contexto da educação formal, informal ou corporativa. Vimos que é fundamental ter consciência e responsabilidade de nosso papel profissional e social, mantendo nossos princípios éticos e tendo em mente que os processos terapêuticos, individuais ou grupais, são projetos desenvolvidos por psicodramatistas com formação em psicologia.

Atividades de autoavaliação

1. Analise as assertivas a seguir e indique V para as verdadeiras e F para as falsas:
   ( ) As empresas e instituições, quando necessitam selecionar profissionais, buscam os melhores disponíveis no mercado, mas encontrá-los é uma questão de sorte.
   ( ) O processo seletivo está cada vez mais criativo, mas os candidatos seguem totalmente despreparados para esses momentos.
   ( ) As empresas contratam os profissionais com base na formação e qualificação técnica, mas, em pouco tempo, demitem por fatores comportamentais.
   ( ) Os processos seletivos nem sempre preveem *feedback* para que o candidato reprovado esteja mais preparado para um próximo processo.

Agora, assinale a alternativa correspondente à sequência correta:

a) F, F, F, V.
b) V, F, V, F.
c) V, V, F, F.
d) V, F, F, V.
e) F, V, V, V.

2. Assinale a alternativa correta em relação às técnicas básicas de intervenção no psicodrama:
   a) Na troca de papéis, o protagonista é substituído por outro sujeito, e este, por sua vez, deve observar outra pessoa colocando-se em seu lugar.
   b) As técnicas básicas de intervenção do psicodrama, quando aplicadas de forma genuína, garantem o rigor científico do método psicodramático.
   c) Para o sucesso da técnica de inversão de papéis, não é necessária a presença real das pessoas que serão trabalhadas no contexto dramático.
   d) A técnica do duplo consiste na duplicação ou imitação de sentimentos, expressões, fantasias e verbalizações que o protagonista não consegue expor. Esses movimentos são realizados pelo diretor ou pelos egos auxiliares.
   e) A técnica do solilóquio consiste no ato da fala do protagonista com o diretor e os egos auxiliares durante a dramatização psicodramática.

3. Analise as assertivas a seguir e indique V para as verdadeiras e F para as falsas:

( ) Interpolação de resistência é quando o protagonista resiste às intervenções do diretor e dos egos auxiliares nos processos psicodramáticos.

( ) A interpolação de resistência consiste em uma alteração brusca feita pelo ego auxiliar naquilo que fora planejado pelo protagonista, exigindo deste uma atuação diferente, nova, inesperada e de improviso.

( ) O objetivo da interpolação de resistência é a criação de situações artificiais com egos que provoquem reações adormecidas do protagonista.

( ) Um dos objetivos da interpolação de resistência é trabalhar as resistências às zonas de conforto.

Agora, assinale a alternativa correspondente à sequência correta:

a) F, V, V, V.
b) F, F, F, V.
c) V, F, V, F.
d) V, V, F, F.
e) V, F, F, V.

4. Assinale a alternativa correta no que se refere às técnicas individuais:

a) A entrevista é uma intervenção direta realizada pelo diretor na cena, por meio da qual ele conversa com o protagonista em alto e bom som.

b) O espelho é uma técnica fundamental para ser aplicada nos momentos em que o protagonista não tem percepção de seus atos, ações e expressões, sendo executada diante de um espelho.

c) O desdobramento do eu é uma variação da técnica do espelho e consiste em o ego auxiliar adotar atitudes, emoções, pensamentos, comportamentos e sentimentos que o protagonista não consegue ter.

d) A autoapresentação é uma técnica utilizada no psicodrama e por meio da qual o protagonista apresenta os personagens que fazem parte de sua vida, sem apresentar e caracterizar o protagonista.

e) A apresentação do átomo social consiste em apresentar o universo e o mundo social a que se espera que o protagonista chegue com a ação psicodramática para que possa, assim, desempenhar seus papéis sociais.

5. Analise as assertivas a seguir e indique V para as verdadeiras e F para as falsas:

( ) A técnica de marionetes consiste na utilização de bonecos de marionetes como objetos intermediários para facilitar e substituir a comunicação entre o protagonista e seus egos auxiliares.

( ) A técnica de concretização consiste em tornar concreta uma situação subjetiva e que precisa ser materializada e vivida no mundo externo.

( ) A maximização consiste em amplificar sentimentos, emoções, pensamentos, gestos e sensações do protagonista durante a sessão psicodramática.

( ) A técnica de projeção para o futuro tem como objetivo fazer com que o estudante ou paciente imagine e descreva como será seu futuro.

Agora, assinale a alternativa correspondente à sequência correta:

a) F, F, F, V.
b) F, V, V, V.
c) V, F, V, F.
d) V, V, F, F.
e) V, F, F, V.

Atividades de aprendizagem

Questões para reflexão

Leia o texto a seguir e responda às questões propostas:

> O psicodrama tem se mostrado uma excelente ferramenta para trabalhar grupos em todos os contextos humanos [...]. É possível afirmar que o psicodrama é um instrumento que viabiliza a construção da cidadania. O artigo de Nery, Costa e Conceição (2006) fala sobre a prática socionômica como metodologia de pesquisa-ação, um instrumento de investigação social e intervenções comunitárias, método que vem sendo cada vez mais utilizado entre os pesquisadores que buscam compreender os fenômenos sociais e contribuir com o sujeito no desenvolvimento de sua consciência de cidadania e empoderamento pessoal. A democratização do psicodrama se faz com a abertura de espaços para a sociedade trabalhar, de forma grupal e psicodramática, os conflitos inerentes ao contexto atual, facilitando o acesso e expandindo a prática socionômica (Iunes; Conceição, 2017, p. 5).

1. Indique três técnicas genuínas do psicodrama que podem implementar o objetivo descrito no texto nos trabalhos de grupo que você lidera, acompanha ou dos quais participa.

2. Aponte três técnicas afins do psicodrama que podem implementar o objetivo descrito no texto nos trabalhos com esses grupos.

Atividade aplicada: prática

1. Escolha uma técnica do psicodrama para aplicar em um dos grupos de que você participa com o objetivo de trabalhar um tema que seja relevante para o grupo. Registre a experiência por meio de relatórios, fotografias e depoimentos dos participantes.

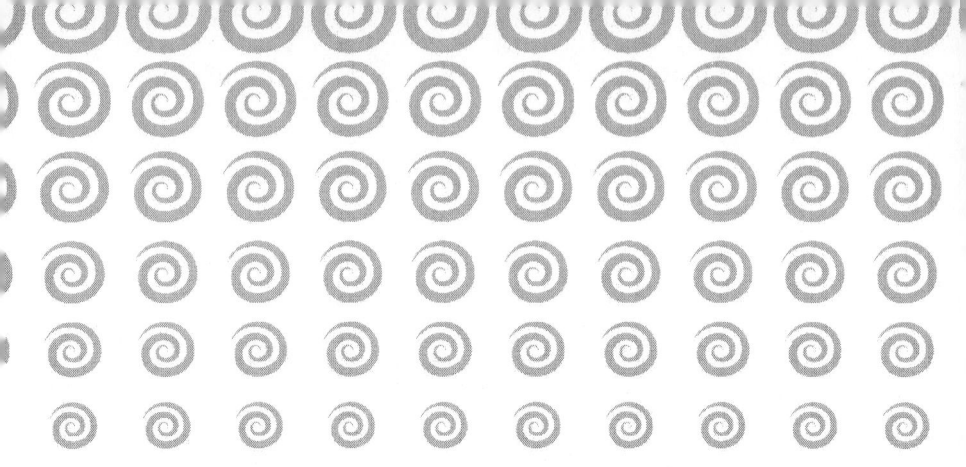

6
Aplicações do psicodrama em organizações, instituições e comunidades

Neste capítulo, analisaremos a aplicação das técnicas psicodramáticas no contexto institucional e social. Discutiremos o psicodrama pedagógico, suas características e aplicações em escolas; o sociodrama aplicado ao atendimento familiar e à criança; e o sociodrama institucional e comunitário. Apresentaremos, ainda, algumas dicas e orientações sobre como utilizar o psicodrama por meio da música, da sonoplastia e dos sons e como organizar grupos de teatro e dinâmicas de grupo.

6.1
Contexto organizacional e institucional

Atualmente, os principais desafios de organizações e instituições estão associados à gestão, ao treinamento e ao desenvolvimento de pessoas. Nos ambientes profissionais, é comum haver situações de conflitos nos relacionamentos humanos, o que gera estresse e problemas de comunicação pessoal e interpessoal capazes de alterar os processos do dia a dia de uma empresa. Essas situações podem provocar problemas de relacionamento entre colegas e lideranças, dificuldades na comunicação interna e externa, desrespeito às normas e à hierarquia, desmotivação e baixa produtividade. Essa realidade também pode gerar impactos mentais, físicos e emocionais nos envolvidos, prejudicando sua saúde e produtividade, bem como o atendimento dos clientes.

Com o objetivo de enfrentar esses desafios, amenizá-los ou evitá-los, os responsáveis pelos setores de recursos humanos, recrutamento e seleção, como psicólogos e pedagogos, têm apostado nas técnicas e nos recursos do psicodrama.

O psicodrama, por ser um método ativo de trabalho individual ou grupal, possibilita realizar atividades com diversos objetivos, entre eles: mostrar aos colaboradores de empresas e instituições como está o cenário atual e a realidade da empresa; discutir as atuais perspectivas e o papel de cada no contexto apresentado; e levar os colaboradores a tomar ações individuais e coletivas que possam contribuir positivamente para a solução dos problemas, apontando sugestões e soluções criativas e inovadoras.

Pode-se utilizar a representação e a dramatização para caracterizar problemas e conflitos ou situações que exigem o desenvolvimento de capacidades e habilidades para uma tomada de decisão consciente, rápida e eficiente. Com os recursos do psicodrama, também é possível trabalhar com as emoções, o comportamento, as ideias, a moral, a empatia e os valores dos indivíduos, temas estes nem sempre explorados nas instituições de ensino, mas determinantes no ato de demissões. Atualmente, os profissionais são contratados pela competência técnica e demitidos pelo comportamento.

Além de representações e dramatizações, podemos utilizar técnicas e jogos dramáticos, como *role-play* e inversão de papéis. O jogo dramático é trabalhado em grupo para diagnosticar ou intervir em situações de conflito ou de relacionamento. O *role-play*, mais conhecido como *jogo de papéis*, pode ser trabalhado por meio da interpretação de papéis e de personagens distintos, em que o participante/colaborador inverte o papel e assume o papel do outro. Assim, pode viver a realidade do outro, sentir e agir como outro, pois a forma mais autêntica de entender o outro lado de uma questão é a via da empatia.

Pode-se organizar um grupo de teatro na empresa ou na instituição, escolher a modalidade com a participação dos próprios funcionários e, no grupo, preparar, organizar e estruturar temas relevantes para a instituição e seus colaboradores, como saúde do trabalhador, segurança do trabalho, mudanças em processos internos, temas comportamentais e conflitos. O espaço para a realização do psicodrama pode ser uma sala ambientada adequadamente e aconchegante, com um tapete, almofadas e objetos como tecidos e caixotes. É possível, também, estabelecer uma data semanal, quinzenal ou mensal destinada às sessões de psicodrama na empresa ou instituição.

Vejamos, a seguir, algumas possibilidades de trabalho com a teoria psicodramática em organizações e instituições:

- **Percepção da identidade dos envolvidos no processo:** consiste em ter uma visão ampla das partes e de sua interconexão com o todo, isto é, uma visão sistêmica da situação que será apresentada e trabalhada.
- **Reconhecimento, percepção ou desenvolvimento do eu:** busca-se levar o participante a identificar qual é seu papel em determinado contexto, suas responsabilidades e sua participação na situação como um todo.
- **Reconhecimento, percepção e respeito ao papel do outro:** desenvolve a capacidade de observar os problemas sob a perspectiva do outro de uma forma empática e respeitosa, colocando-se no lugar da outra pessoa.

Conscientes de seus papéis, os participantes devem definir as funções de cada um na encenação, representação ou dramatização e construir as condições para a concretização dos cinco elementos do psicodrama:

- **Cenário:** pode ser o local real em que o problema ocorre ou ser reproduzido em uma sala de trabalho, de reunião ou em um anfiteatro.
- **Protagonista:** é o personagem central do problema ou da história, mas também pode ser a equipe de trabalho ou um grupo de trabalho enredado na situação ou na trama.
- **Diretor:** é o profissional responsável por conduzir o trabalho psicodramático. Ele é o psicoterapeuta do protagonista, de uma equipe ou de um colaborador.
- **Egos auxiliares:** são as demais pessoas que exerceram os outros personagens, os figurantes que contracenam com o protagonista durante a representação.
- **Plateia:** são as pessoas da empresa e da instituição que foram convidadas para participar da ação dramática. Devem ter ligação com o tema, pois assim poderão contribuir com o projeto dramático.

É fundamental que as técnicas psicodramáticas sejam aplicadas por profissionais especializados na área, isto é, psicodramatistas e psicopedagogos.

6.2
Sociodrama e teatro espontâneo na escola

O psicodrama pedagógico tem suas bases teóricas, além das teorias e técnicas do psicodrama clássico, nas influências teóricas do psicólogo russo Lev Vygotsky (1896-1934), responsável pela realização de diversas pesquisas na área do desenvolvimento da aprendizagem e do papel das relações sociais no processo de ensino e aprendizagem. Suas pesquisas resultaram em uma corrente de pensamento psicológico e educacional denominada *socioconstrutivismo*. Outra influência teórica do psicodrama pedagógico é a do educador, pedagogo e filósofo brasileiro Paulo Freire (1921-1997), reconhecido como um dos pensadores mais notáveis na história da educação, em virtude de sua forma de conceber a educação, a chamada *pedagogia crítica*, segundo a qual a escola

> é sempre vista, analisada e representada como um espaço de conhecimento, um espaço de interação social e de desenvolvimento intelectual e cognitivo, em que perpassam relações de gênero, etnia, classe e de diversidade. Porém, além dessas representações citadas, a escola é também um espaço público de trabalho, de poder, onde se instalam vários conflitos mediante a representação de vários papéis sociais, contradições, situações concretas e inerentes à vida social, cultural e profissional. [...] Entender a escola também como espaço histórico-social-cultural de trabalho e de poder é fundamental para compreendê-la na ótica da cultura e das representações; as contradições nela presentes, com o objetivo de buscar alternativas individuais e coletivas que tornem esse espaço e esse cotidiano de homens e mulheres, trabalhadores e trabalhadoras, docentes e estudantes como seres humanos concretos, sujeitos sociais e históricos. (Maciel, 2016, p. 53)

É fundamental ter a consciência de que **a educação não é neutra**, pois está a serviço da hegemonia política, econômica e social de determinado momento histórico. A educação, portanto, representa as ideias e os ideais de uma classe hegemônica que constrói e desenvolve diretrizes e políticas educacionais que atendam às necessidades de seus interesses políticos, sociais e econômicos.

> A palavra *educar* vem do latim (*educare*: criar, amamentar; *educere*: levar para fora, fazer sair, tirar de, dar à luz, produzir). Na sua origem, ela traz uma ação fundamental para qualquer sociedade: desenvolver física, intelectual e mentalmente o ser humano. Tal desenvolvimento, no entanto, não parte impositivamente de fora para dentro, mas faz justamente um movimento dialético: levar para fora o que já se tem enquanto reage nas relações que estabelece com o meio. A acepção "levar para fora" tem, no mínimo, dois sentidos: a) fazer algo sair de dentro do próprio ser humano; b) fazer o ser humano sair de determinada situação ou condição, deslocar-se. (Maciel, 2016, p. 53)

Ou, nas palavras de Libâneo (1985, p. 97),

> educar é conduzir de um estado a outro, é modificar numa certa direção o que é suscetível de educação. O ato pedagógico pode, então, ser definido como uma atividade sistemática de interação entre seres sociais, tanto no nível do intrapessoal como no nível da influência do meio, interação essa que se configura numa ação exercida sobre sujeitos ou grupos de sujeitos visando provocar neles mudanças tão eficazes que os tornem elementos ativos desta própria ação exercida. Presume-se, aí, a interligação no ato pedagógico de três componentes: um agente (alguém, um grupo, um meio social etc.), uma mensagem transmitida (conteúdos, métodos,

automatismos, habilidades etc.) e um educando (estudante, grupos de estudantes, uma geração etc.).

Educar é um processo que está submetido ao contexto histórico, social, político e econômico e a determinado tempo e espaço. Portanto, acontece em qualquer lugar, sobretudo na escola, seu lugar privilegiado. A formação e a educação do ser humano iniciam-se no processo de concepção e de gestação do indivíduo e perduram por toda a vida. O aprendizado efetiva-se mediante as relações pessoais e interpessoais, nas interações sociais e com a realidade material e imaterial. A sociedade pode, ao mesmo tempo, manter ou transformar as relações humanas.

Para Freire (1999, p. 25), a escola é um ambiente que favorece a aprendizagem significativa, pois a relação entre professor e aluno é pautada na cumplicidade, no diálogo e no crescimento mútuo, em um processo no qual "Quem ensina aprende e quem aprende ensina".

Louro (1997), por sua vez, considera que a escola tem um papel preponderante para a construção da identidade de gênero e das relações de poder estabelecidas no interior das instituições sociais. Segundo o autor, "A escola, como um espaço social que foi se tornando, historicamente, nas sociedades urbanas ocidentais, um *locus* privilegiado para a formação de meninos e meninas, homens e mulheres, é ela própria um espaço generificado, isto é, um espaço atravessado pelas representações de gênero" (Louro, 1997, p. 77).

Para a educadora e psicodramatista Alicia Romaña (1999), criadora do psicodrama pedagógico, a escola possibilita a construção e a aquisição do conhecimento de uma forma mais abrangente, pois trabalha o ser humano integrando corpo, mente e emoção. Essa concepção permite que o ser humano tenha mais consciência de si, do outro e do contexto no qual está inserido (Braga, 1999).

A proposta de ensino apresentada por Romaña consiste em uma metodologia que objetiva a prática educativa e o processo de formação dos professores visando à reflexão e à ação humana (Braga, 1999).

Segundo Braga (1999, p. 93), "a aquisição do conhecimento já é propriedade do aprendiz, parte de dentro dele, daquilo que conhece, de suas experiências e tem sua possibilidade na liberdade na ação". A autora acrescenta que "é daí que nascem as abstrações e generalizações, mas a partir daquilo que já é seu".

O fundamental, segundo Braga (1999, p. 93), é atribuir "valor à nova forma de compreensão, de aprendizado e de integração dos conhecimentos, pois [esse sim] é verdadeiro e humanizado". Em sua proposta, não é dada ênfase a longos e enfadonhos discursos, mas se priorizam as práticas para a construção dos conhecimentos que possam ser significativos e libertadores e que atinjam uma educação popular. Braga (1999, p. 93) observa que Romaña:

> critica, a partir do neoliberalismo atual, psicólogos, pedagogos e administradores de empresas, que, em grande parte, não estão comprometidos com a transformação, seja pela ética, seja pelos procedimentos adotados por estes, de forma a não buscarem uma verdadeira capacidade de reflexão e transformação criativa, mas condicionamentos que atendam aos interesses de práticas sem críticas e sem engajamento social.

Braga (1999, p. 93) ressalta que Romaña apresenta uma proposta pedagógica fundamentada nas ideias de Moreno, que propõe o exercício da crítica por meio da espontaneidade:

> A pedagogia do drama fala do drama da realidade pós-moderna, que traz desorientação, angústia, o consumo como fonte de prazer; e da capacidade que está adormecida, mas que ainda existe no ser humano de se refazer a partir de suas experiências. Tomar consciência delas, analisá-las, pensar criticamente sobre seus impactos faz despertar uma visão mais aberta, humilde e crítica sobre estes reconhecimentos.
>
> O enredo deste drama é proposto pelo neoliberalismo, no princípio do mercado, dos jogos especulativos, da desarticulação do social. O papel da educação neste enredo é dado como a busca de uma sociedade mais justa, por um aprendiz que descubra o que é "ser uma pessoa".

O psicodrama e o sociodrama, como tantas outras técnicas de comunicação, têm-se afirmado como um instrumento privilegiado de aprendizado para momentos de formação coletiva, sobretudo no contexto escolar. Apesar de terem se tornado, ao longo dos anos, uma atividade da qual poucos podem participar, o psicodrama e o sociodrama, assim como o teatro, continuam sendo uma invenção humana que resgata e leva o indivíduo a observar a si mesmo em ação, perceber onde está e imaginar aonde pode ir.

Nessa perspectiva, o psicodrama, o sociodrama e o teatro também são **processos de aprendizagem**. No espaço dramático, existe um encontro de pessoas, que, representando papéis diferentes, podem viver situações e emoções variadas, nas quais o real e o imaginário misturam-se no jogo lúdico do viver. O público ou plateia pode, de forma lúdica, receber informações, conteúdos e aprendizados essenciais para seu dia a dia.

As grandes transformações que marcaram o fim do século XX e o início do século XXI exigem dos profissionais que trabalham com educação e formação novas formas de transmitir os conceitos e os conteúdos de sua área de atuação. A massificação, as imposições e as regras autoritárias são elementos do passado. Agora, mais do que a assimilação dos novos conceitos, é necessário haver a participação ativa das pessoas em seu processo de ensino e aprendizagem. Para tanto, é preciso utilizar linguagens e mecanismos alternativos e criativos que possibilitem a participação efetiva de todos. Nesse novo caminho a ser trilhado, muitas são as dificuldades para romper os velhos paradigmas, como líderes autoritários e burocráticos e alunos desmotivados.

O psicodrama, o sociodrama e o teatro têm-se afirmado como ferramentas importantes nesse processo. Esses recursos têm sido utilizados, nas empresas, em treinamentos e integrações e, nas escolas, para trabalhar as disciplinas curriculares e extracurriculares, assim como em atividades de supervisão, coordenação e atendimento aos alunos. Além de poderosos instrumentos de comunicação, esses recursos são envolventes e possibilitam a participação de todos.

Para a implementação do projeto, é fundamental:

- Potencializar a formação, o treinamento, a expressão e a comunicação dos professores, coordenadores, funcionários e responsáveis pelos projetos para a atuação em psicodrama, sociodrama e artes cênicas.
- Instrumentalizar os coordenadores para a utilização dos recursos e técnicas do psicodrama, do sociodrama e dos recursos cênicos como instrumento pedagógico para, assim, desenvolver atividades com a família e os alunos.
- Capacitar os coordenadores dos projetos com técnicas básicas de psicodrama, sociodrama e artes cênicas em diferentes contextos pedagógicos curriculares, extracurriculares e alternativos.

6.3
Sociodrama em instituições, empresas e hospitais

O sociodrama é um método de pesquisa institucional que visa romper com a dicotomia entre pesquisa qualitativa e quantitativa e privilegia a participação do grupo, seus aspectos interacionais e comunicacionais. O sociodrama faz uso de elementos da sociodinâmica, que estuda a dinâmica das relações internas em um grupo e analisa os conflitos sociais; da sociometria, que mede, entre os integrantes de um grupo, suas relações de aceitação, rejeição e neutralidade utilizando como principal instrumento o teste sociométrico; e da sociatria, um conjunto de técnicas de intervenção terapêutica que visa ao resgate da consciência e da saúde dos participantes do grupo.

Essa integração pode ser aplicada em qualquer organização ou instituição na qual exista uma sociodinâmica entre os diferentes grupos que compõem o todo, ou seja, o método possibilita o desenvolvimento de uma visão sistêmica nas organizações. A falta dessa visão do todo pode dar origem a diversos conflitos internos e externos, que se desdobram em problemas operacionais, políticos, financeiros e de gestão e exigem intervenções sociátricas para a redução de tensões intergrupais nas instituições.

O processo pode ter início com uma análise do estágio de desenvolvimento da matriz de identidade no qual se encontram os grupos envolvidos no estudo. Após essas análises, a etapa seguinte seria o encontro com os protagonistas, ou seja, os grupos, para o reconhecimento das respectivas atribuições e responsabilidades no âmbito da instituição e a inversão de seus papéis funcionais com outros grupos.

Após essas análises, são realizadas dramatizações com os grupos e apresentados os temas pertinentes a cada um deles. As fases de uma sessão de sociodrama são as mesmas do psicodrama, com a diferença de que, no sociodrama, **o protagonista é sempre o grupo**: aquecimento inespecífico, aquecimento específico, dramatização e compartilhamento.

Outra possibilidade é, após as análises, criar grupos de teatro com os próprios grupos de trabalho ou com os colaboradores das instituições e realizar apresentações interna ou externamente, dependendo dos objetivos.

6.4
Teatro espontâneo em comunidades, movimentos sociais e terceiro setor

A utilização do psicodrama, do sociodrama e do teatro popular como técnicas de intervenção de comunicação, de educação e discussões em atuações coletivas já é bem antiga. Esses instrumentos tornam o trabalho nas comunidades mais dinâmico, criativo e participativo, contribuem para desenvolver a imaginação, a criatividade e a espontaneidade e incentivam o envolvimento de todos na discussão de temas de interesse coletivo.

Essas ferramentas trabalham com diversas manifestações artísticas, gestuais e corporais e utilizam vários recursos comunicacionais, mobilizando uma grande gama de pessoas e talentos latentes na comunidade, quase nunca percebidos, valorizados e reconhecidos.

Além disso, temas complicados do passado, do presente ou do futuro podem ser abordados de maneira simples. Problemas do dia a dia, difíceis de ser percebidos, podem ser retratados, assim como os problemas individuais, que passam a ser coletivos e vice-versa, despertando a consciência da **solidariedade** e da importância do **coletivo** na vida do indivíduo.

Os instrumentos contribuem para o conhecimento da realidade como ela se apresenta, permitem compreendê-la e refletir sobre o que é possível fazer, de forma individual e coletiva, para transformá-la ou melhorá-la. Para que esses recursos possam fazer a diferença nas comunidades, é essencial que eles sejam bem utilizados, sendo necessário:

- utilizá-los de forma consciente e tecnicamente correta;
- compreender seus limites e qual é o melhor momento para utilizá-los;
- fazer com que os recursos aplicados sejam capazes de atingir os objetivos desejados;
- ter consciência da necessidade de uma boa preparação, de um bom planejamento e de uma boa formação para a execução do projeto.

6.5
Outras possibilidades de aplicação do psicodrama

Além das técnicas genuínas e das técnicas afins, existem diversos outros recursos que podem ser aplicados no psicodrama. Vejamos a seguir.

6.5.1
Utilização de música, sonoplastia e sons

Os efeitos sonoros podem ser utilizados em dramatizações, representações ou nas várias modalidades de teatro aqui apresentadas, pois têm a capacidade de evocar boas ou más recordações. Quando trabalhados de maneira intencional e planejada, podem conduzir o espectador ou participante a viver determinadas emoções que, sem esses efeitos, dificilmente sentiria. Assim, é possível fazer rir ou chorar, sentir medo ou confiança por meio do emprego dos efeitos sonoros adequados. O processo de pesquisa, criação e utilização de efeitos sonoros em determinadas situações é denominado *sonoplastia*.

6.5.2
Como montar um grupo de teatro onde você desejar

É muito comum as pessoas justificarem, na timidez, seus medos e suas dificuldades para realizar determinadas atividades. Dados apontam que metade da população brasileira considera-se tímida e que 95% das pessoas sentem-se intimidadas diante de uma situação nova.

Contudo, ao observarmos de perto as reações das pessoas que se julgam tímidas, percebemos que são pessoas criativas, competentes e inteligentes que se escondem atrás de uma suposta dificuldade, que, na verdade, não passa de medo irracional e insegurança.

O processo de desenvolvimento humano ocorre em dois sentidos: um retorno aos princípios, na busca do eu perdido, ou a continuidade do que queremos ser e a realização do eu verdadeiro. O caminho para contemplar essas duas vertentes do desenvolvimento humano consiste em capacitar as pessoas para seu desenvolvimento criativo, fortalecendo assim seus diversos *eus* espontâneos, criativos e intuitivos. Isso pode ser alcançado por meio de estratégias que permitam à pessoa destruir suas zonas de conforto nas interações sociais, de modo a fortalecer a imagem interna e a autoestima.

As modalidades de teatro trabalhadas aqui contam com um vasto conjunto de procedimentos, técnicas e recursos que, quando utilizados de forma pedagógica e adequada, favorecem o desenvolvimento da criatividade, da espontaneidade, da comunicabilidade, da expressividade e da interação social e trabalham habilidades como responsabilidade, disciplina, seriedade, cooperação, trabalho coletivo e organização.

Vejamos, a seguir, um roteiro básico para organizar um grupo de teatro:

- Seleção e organização do grupo: recomenda-se no mínimo cinco e, no máximo, dez pessoas por grupo. Nessa modalidade de teatro, não se utilizam testes para a escolha do elenco. A adesão é voluntária, e todos os interessados devem ser aceitos.
- Escolha do diretor: este será o profissional responsável pelo grupo e deve ter conhecimento das teorias e práticas psicodramáticas, caso contrário, a tendência do grupo é alterar os propósitos iniciais.
- Definição do tema a ser trabalhado: o tema poderá ser criado ou adaptado, mas não algo pronto e fechado.

- Realização de improvisações curtas e dramatizações que retratem a visão do grupo acerca do tema.
- Definição coletiva sobre como proceder com o tema: texto, leituras, construção coletiva do texto, contextualização, estudos, adequação e definição do tipo de direção.
- Definição, distribuição e composição dos personagens, de forma espontânea e criativa.
- Memorização do texto, se for o caso.
- Preparação corporal: exercícios de eutonia, propriocepção, expressão corporal e facial, coreografia, alongamento, respiração e relaxamento.
- Preparação vocal: exercícios de aquecimento vocal, técnica vocal, caracterização da voz do personagem, projeção vocal, dicção, projeção e expressão vocal para o teatro.
- Estudo e definição de elementos de cena, figurinos, adereços, cenários, iluminação, sonoplastia e maquiagem.
- Ensaios para a marcação de cenas.
- Confecção dos elementos de cena.
- Divisão de responsabilidades do trabalho em equipe.
- Controle de despesas, finanças e orçamentos.
- Ensaios para técnicas: marcação, ritmos, andamentos e entradas e saídas.
- Ensaios para obtenção do efeito V = verdade e veracidade, dinâmica e fechamento do espetáculo.
- Produção de material de divulgação do espetáculo e definição de local, horário e público-alvo.
- Ensaio-geral, com todos os elementos da cena e no local.
- Estreia e apresentação.
- Avaliação e *feedback*.
- Ensaio para revisão.

Aplicações do psicodrama em organizações, instituições e comunidades

6.5.3
Utilização de jogos, brincadeiras e dinâmicas de grupo

Jogos, brincadeiras e dinâmicas de grupo são instrumentos e ferramentas que podem ser utilizados em aquecimentos inespecíficos de sessões de psicodrama ou de atividades em geral. Quando bem aplicados, permitem a integração grupal e cumprem de forma satisfatória objetivos coletivos. Para desenvolver um deles no ambiente de trabalho, é preciso conhecer antecipadamente o jogo, a técnica, a brincadeira ou a dinâmica, como aplicá-los e sua fundamentação teórico-prática. Essas ferramentas não podem ser resumidas à execução de um mero folheto explicativo, seguido de forma mecânica, pois cada técnica ou dinâmica de grupo tem suas regras, derivadas de sua natureza particular e de seus objetivos específicos e inespecíficos. É possível, porém, aplicar algumas normas à maioria das técnicas, pois essas regras orientam a condução dos jogos e das dinâmicas pelo seu aplicador.

Antes de aplicar uma técnica, é necessário analisar o perfil do grupo. Este, para responder positivamente a uma técnica, precisa ter uma estrutura estabelecida. Todos devem conhecer as regras do jogo e estar conscientes dos passos a seguir e dos objetivos a serem atingidos.

Deve-se seguir os procedimentos indicados para cada caso. Se você estiver preparado, poderá fazer adaptações de acordo com as necessidades do momento e de sua realidade. As técnicas só devem ser utilizadas quando houver um objetivo bem definido, pois o uso da técnica em si não leva a nada, e mesmo em situações de lazer é necessário explicitar os objetivos.

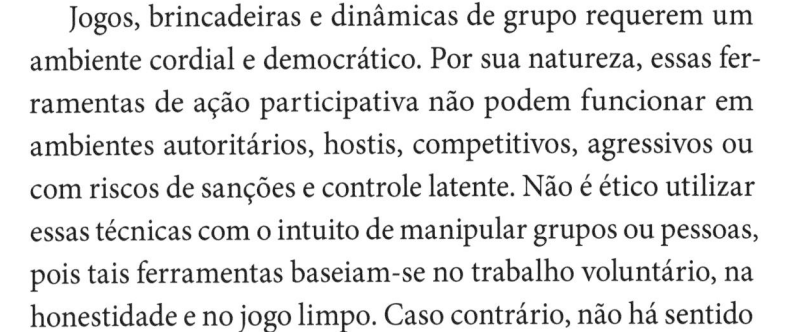

Jogos, brincadeiras e dinâmicas de grupo requerem um ambiente cordial e democrático. Por sua natureza, essas ferramentas de ação participativa não podem funcionar em ambientes autoritários, hostis, competitivos, agressivos ou com riscos de sanções e controle latente. Não é ético utilizar essas técnicas com o intuito de manipular grupos ou pessoas, pois tais ferramentas baseiam-se no trabalho voluntário, na honestidade e no jogo limpo. Caso contrário, não há sentido aplicá-las.

Os objetivos da utilização dessas técnicas no psicodrama são:

- desenvolver sentimentos;
- estimular o pensamento ativo e crítico;
- desenvolver as habilidades de escuta ativa, empatia, solidariedade e companheirismo;
- desenvolver a autonomia, a cooperação, o inter-relacionamento, a responsabilidade, a espontaneidade e a criatividade;
- vencer temores, inibições, tensões e criar sentimentos de segurança e autoestima;
- criar uma atitude positiva diante de problemas das relações humanas;
- favorecer a adaptação e a interação social.

Indicamos, a seguir, a leitura de algumas obras que permitem aprofundar seu conhecimento sobre dinâmicas de grupo:

Aplicações do psicodrama em organizações, institiuções e comunidades

- *Janela de Johari: exercícios vivenciais de dinâmica de grupo, relações humanas e de responsabilidade*, de Silvino José Fritzen, Vozes.
- *Dinâmica de grupo: iniciação a seu espírito e algumas de suas técnicas*, de Jean-Marie Aubri e Yves Saint-Arnaud, Loyola.
- *Jogos para terapia, treinamento e educação*, de Aldo Silva Junior, Imprensa Universitária.
- *Exercícios práticos de dinâmica de grupo*, de Silvino José Fritzen, Vozes. Volumes 1, 2 e 3.

Síntese

Neste capítulo, tratamos das aplicações da teoria psicodramática em vários contextos, entre eles o organizacional/institucional, bem como destacamos sua importância em diversos âmbitos do universo institucional. Evidenciamos as várias possibilidades de aplicação dessa técnica no contexto educacional, ressaltando que o teatro espontâneo e o sociodrama podem ser empregados como alternativas pedagógicas e metodológicas. Por fim, discutimos de que maneira recursos como música e dinâmicas de grupo podem ser empregados para a implementação das teorias psicodramáticas.

Atividades de autoavaliação

1. Assinale a alternativa correta no que se refere à utilização do psicodrama no contexto organizacional e institucional:
    a) As técnicas de psicodrama no contexto organizacional e institucional somente trazem bons resultados quando aplicadas no trabalho grupal.

b) Os recursos do psicodrama não permitem trabalhar as emoções, os comportamentos, as ideias, a moral, a empatia e os valores dos indivíduos de uma organização.
c) Apesar de eficientes, as técnicas de psicodrama no contexto organizacional não desenvolvem a capacidade de olhar os problemas sob a perspectiva do outro e de forma empática.
d) As técnicas de psicodrama podem ser utilizadas em ambientes organizacionais para solucionar problemas de relacionamento e de gestão ou no treinamento e desenvolvimento de pessoas.
e) O desenvolvimento das técnicas de psicodrama no contexto organizacional não envolve elementos como cenário, plateia, protagonista ou egos auxiliares.

2. Analise as assertivas a seguir e indique V para as verdadeiras e F para as falsas:
( ) Para Romaña, o psicodrama pedagógico, por ser um método didático, somente pode ser aplicado junto a educadores.
( ) O psicodrama pedagógico foi criado em 1963 por Romaña, após vivenciar diversas experiências positivas com o uso do psicodrama pedagógico junto a educadores.
( ) O início das pesquisas do psicodrama pedagógico ocorreu em dramatizações feitas em aulas de pedagogia, nas quais Romaña, ministrava aulas e fez experiências com um grupo de crianças que apresentava dificuldades de aprendizagem.

Aplicações do psicodrama em organizações, instituições e comunidades

( ) No desenvolvimento do psicodrama pedagógico, Romaña fundamentou-se nos estudos do psicólogo russo Lev Vygotsky e do educador, pedagogo e filósofo brasileiro Paulo Freire.

Agora, assinale a alternativa correspondente à sequência correta:

a) F, F, F, V.
b) V, F, V, F.
c) F, V, V, V.
d) V, V, F, F.
e) V, F, F, V.

3. Assinale a alternativa correta quanto à aplicação do psicodrama e do sociodrama em escolas:
   a) Por ter se tornado, ao longo dos anos, uma atividade da qual poucos podem participar, o psicodrama e o sociodrama têm produzido resultados pouco eficazes no contexto escolar.
   b) Por ser um espaço no qual é possível viver situações e emoções variadas e onde o real e o imaginário se misturam, o espaço dramático dificulta um encontro de pessoas que representam papéis diferentes no jogo lúdico do viver.
   c) O psicodrama, o sociodrama e o teatro têm se afirmado como ferramentas importantes no processo de disciplinar os educandos, controlando sua espontaneidade e criatividade.

d) O psicodrama, o sociodrama e o teatro não permitem solucionar problemas pedagógicos curriculares e/ou extracurriculares.

e) Para a implementação de um projeto de psicodrama ou sociodrama, é preciso potencializar a formação, o treinamento, a expressão e a comunicação de professores, coordenadores e funcionários responsáveis pelos projetos.

4. Analise as assertivas a seguir e indique V para as verdadeiras e F para as falsas:

( ) A utilização do psicodrama, do sociodrama e do teatro popular como técnicas de intervenção na educação ajuda a desenvolver a imaginação, a criatividade e a espontaneidade.

( ) Temas complicados do passado, do presente ou do futuro não podem ser abordados de maneira simples pelo psicodrama ou pelo sociodrama em instituições e comunidades.

( ) Para fazer um bom uso do psicodrama e do sociodrama, é preciso conhecer seus limites e utilizá-los de forma consciente e tecnicamente correta.

( ) Para que os recursos aplicados atinjam os objetivos desejados, é preciso haver uma boa preparação e um bom planejamento.

Agora, assinale a alternativa correspondente à sequência correta:

a) F, F, F, V.
b) V, F, V, F.

c) V, V, F, F.
d) V, F, V, V.
e) V, F, F, V.

5. Sobre a montagem de um grupo de teatro com fins psicodramáticos, indique a alternativa correta:
   a) O alto percentual de pessoas tímidas é um empecilho para a montagem de um grupo de teatro com fins psicodramáticos.
   b) O diretor de um grupo de teatro com fins psicodramáticos deve ter conhecimento das teorias e práticas psicodramáticas.
   c) A montagem de um grupo de teatro com fins psicodramáticos não tem como objetivo o desenvolvimento da criatividade, da espontaneidade, da capacidade de comunicação, da expressividade e da interação social.
   d) Não há limites para o número de participantes na montagem de um grupo de teatro com fins psicodramáticos.
   e) Um grupo de teatro com fins psicodramáticos sempre deve trabalhar com textos prontos e fechados.

Atividades de aprendizagem

Questões para reflexão

O sociólogo polonês Zygmunt Bauman (1998) utilizou o conceito de *modernidade líquida ou fluida* para explicar como se processam as relações sociais na atualidade. Até meados da década de 1990, as ideologias políticas e econômicas conduziam boa parte da vida das pessoas. Porém, desde meados do século XX, as instituições consagradas com o nascimento da modernidade (século XVII) foram, aos poucos, perdendo poder e espaço na vida das pessoas. Com a consolidação do modo flexível de produção, o surgimento e a consolidação da ideia de produtos descartáveis, esses fundamentos passaram a influenciar a vida das pessoas. A felicidade foi sendo entendida, cada vez mais, pela capacidade de consumo, de ter: "serei feliz quando tiver o carro tal, a roupa da marca tal, morar em uma casa tal, poder viajar para tal lugar". Os projetos coletivos foram, aos poucos, substituídos pelos individuais.

1. Descreva os impactos da modernidade líquida em instituições escolares, corporativas e comunidades e de que maneira eles afetam as relações humanas, trazendo consequências para o desenvolvimento das atividades-fim dessas organizações.

2. Explique como o psicodrama pedagógico e o sociodrama podem ser utilizados como recursos para superar três dos problemas identificados em sua resposta à questão anterior.

Atividade aplicada: prática

1. Elabore um relatório descrevendo como foi sua prática utilizando o psicodrama pedagógico e o sociodrama para solucionar os três problemas identificados nas questões anteriores.

Considerações finais

Chegar ao fim desta obra, depois desse tempo de produção, recolhimento e dedicação, é gratificante. A cada capítulo, a cada descoberta, a cada momento de solidão, a cada dúvida ou certeza, era muito de mim que se transformava, que se libertava e que se reencontrava. Foi uma autoterapia escrever este livro, momentos de aprendizado nos quais protagonizei e dramatizei intensos encontros com os autores, com suas ideias, conceitos, teorias e, principalmente, comigo mesma, com minhas ideias, meus conceitos e minhas teorias.

Nos três últimos meses em que estava escrevendo o livro, vivemos no Brasil tragédias que levaram nosso povo a um luto coletivo permanente. Em 25 de janeiro de 2019, sofremos com o crime premeditado de Sobradinho, onde uma barragem de rejeitos da Vale se rompeu, matando diversas pessoas e deixando muitas outras desaparecidas. Em 2 de fevereiro de 2019, outro baque: agora no Centro de Treinamento do Flamengo, em dormitórios adaptados em *containers* de lata, nos quais dormiam adolescentes e jovens que, longe de suas famílias, lutavam pelo sonho de ser jogadores de futebol. Dez deles tiveram suas vidas ceifadas pelo fogo da irresponsabilidade. No dia 13 de março de 2019, em uma escola estadual em Suzano, São Paulo, um garoto de 17 anos, ex-aluno, entrou fantasiado como personagem de jogos eletrônicos, armado, ao lado de um comparsa de 25 anos, atirando a queima roupa e a golpes de machado nos amigos e conhecidos de escola. Resultado da chacina: dez mortos e onze feridos.

O que podemos concluir é que nossa sociedade está doente. Precisamos urgentemente resgatar o caráter transformador da ação espontânea e permitir que o ser humano recupere seu papel e sua condição de criador e cocriador de sua relação consigo mesmo, de sua história, de suas relações com o outro e com o mundo por meio do respeito, da troca e da sustentabilidade.

O ser humano perdeu-se em uma conserva cultural cristalizada e desumana. O papel de ser criador, espontâneo e criativo é antagônico à conserva cultural, e ambos não podem conviver. Estamos à beira do caos e, como afirma Colombo (2012, p. 7), "em um mundo onde as relações são cada vez mais superficiais, torna-se imprescindível o emprego de uma proposta como a de Moreno. Em outras palavras, temos de romper com os padrões de comportamento, os valores e as formas estereotipadas de participação na vida social para não nos tornarmos seres automatizados".

Referências

ABBAGNANO, N. Dicionário de filosofia. São Paulo: M. Fontes, 1998.
ADORNO, T. W. et al. The Authoritarian Personality. New York: Harper and Row, 1950.
AGUIAR, M. Teatro da anarquia: um resgate do psicodrama. Campinas: Papirus, 1988.
ALMEIDA, W. C. de. Moreno: encontro existencial com as psicoterapias. São Paulo: Ágora, 1990.
ALMEIDA, W. C. de. O que é psicodrama. São Paulo: Brasiliense, 1979.
BOAL, A. Teatro do oprimido e outras poéticas políticas. Rio de Janeiro: Civilização Brasileira, 1998.
BOFF, L. A águia e a galinha: uma metáfora da condição humana. Rio de Janeiro: Vozes, 1997.
BOGOMOLETZ, D. O hassidismo como visão de mundo: uma reflexão para a Noite de Shavuot. Disponível em: <https://www.cjb.org.br/Hessed/espirit/hassidismomundo.htm>. Acesso em: 25 jan. 2020.
BRAGA, C. T. Do psicodrama pedagógico à pedagogia do drama. **EccoS – Revista Científica**, São Paulo, v. 1, n. 1, p. 92-94, dez. 1999.
BRECHT, B. Estudos sobre teatro. Rio de Janeiro: Nova Fronteira, 1978.
BUBER, M. Eu e tu. Tradução de Newton Aquiles Von Zuben. 10. ed. São Paulo: Centauro, 2001.
BUSTOS, D. M. Novas cenas para o psicodrama. São Paulo: Ágora, 1999.
COLOMBO, M. Modernidade: a construção do sujeito contemporâneo e a sociedade de consumo. **Revista Brasileira de Psicodrama**, São Paulo, v. 20, n. 1, p. 25-39, jun. 2012.

Disponível em: <http://pepsic.bvsalud.org/scielo.php?script=sci_arttext&pid=S0104-53932012000100004&lng=pt&nrm=iso>. Acesso em: 25 jan. 2020.

DIAZ, V. R. C. da S. **Sonhos e psicodrama interno na análise psicodramática**. São Paulo: Ágora, 1996.

DIONISOS TEATRO. **Dionisos oferece cursos básico e avançado de teatro playback**. Disponível em: <http://www.dionisosteatro.com.br/blog/sem-categoria/dionisos-oferece-cursos-basico-e-avancado-de-teatro-playback/>. Acesso em: 23 jan. 2020.

FREIRE, P. **Pedagogia da autonomia**: saberes necessários à prática educativa. São Paulo: Paz e Terra, 1999.

HALL, S. The Work of Representation. In: HALL, S. (Org.). **Representation**: Cultural Representations and Signifying Practices. London/Thousand Oaks/New Delhi: Sage/Open University, 1997. p. 225-290.

IUNES, A. L. S.; CONCEICAO, M. I. G. Intervenção psicodramática em ato: ampliando as possibilidades. **Revista Brasileira de Psicodrama**, São Paulo, v. 25, n. 2, p. 19-27, dez. 2017. Disponível em: <http://pepsic.bvsalud.org/scielo.php?script=sci_arttext&pid=S0104-53932017000200003&lng=pt&nrm=iso>. Acesso em: 25 jan. 2020.

KANT, I. **A religião nos limites da simples razão**. Covilhã: Universidade da Beira Interior, 2008.

KANT, I. **Crítica da razão prática**. Porto: Edições 70, 1986.

LIBÂNEO, J. C. **Democratização da escola pública**: a pedagogia crítico-social dos conteúdos. São Paulo: Loyola, 1985.

LOURO, G. L. **Gênero, sexualidade e educação**: uma perspectiva pós-estruturalista. Rio de Janeiro: Vozes, 1997.

LUZ, N. da. Ubuntu: a filosofia africana que nutre o conceito de humanidade em sua essência. **Por dentro da África**, 24 set. 2014. Disponível em: <http://www.pordentrodaafrica.com/cultura/ubuntu-filosofia-africana-que-nutre-o-conceito-de-humanidade-em-sua-essencia>. Acesso em: 22 jan. 2020.

MACIEL, S. M. **Distúrbio de voz relacionado ao trabalho das docentes das séries iniciais do Ensino Fundamental de um município da Região Metropolitana de Curitiba-PR.** Dissertação (Mestrado em Tecnologia) – Universidade Tecnológica Federal do Paraná, Curitiba, 2016.

MARTIN, E. G. J. L. **Moreno:** psicologia do encontro. São Paulo: Duas Cidades, 1984.

MEAD, M. **Sexo e temperamento em três sociedades primitivas.** São Paulo: Perspectiva, 1987.

MENEGAZZO, C. M. **Dicionário de psicodrama e sociodrama.** São Paulo: Ágora, 1995.

MORENO, J. L. **Psicodrama.** São Paulo: Pensamento, 1975.

MORENO, J. L. **Psicodrama.** São Paulo: Cultrix, 2016.

MOSSMANN, A.; CONTI, L. de. **Psicodrama e Guerra nas estrelas:** uma análise da relação com o pai. Disponível em: <https://www.lume.ufrgs.br/bitstream/handle/10183/179513/001067246.pdf?sequence=1>. Acesso em: 25 jan. 2020.

MOTTA, J. M. C. 1970: o congresso que redefiniu o campo do psicodrama brasileiro. **Revista Brasileira de Psicodrama,** São Paulo, v. 18, n. 2, p. 119-128, 2010. Disponível em: <http://pepsic.bvsalud.org/scielo.php?script=sci_arttext&pid=S0104-53932010000200008&lng=pt&nrm=iso>. Acesso em: 25 jan. 2020.

NAFFAH NETO, A. **Psicodrama:** descolonizando o imaginário. São Paulo: Plexus, 1997.

PINHEIRO, T. Depressão, a doença do século XXI. **Carta Capital,** 3 out. 2014. Entrevista. Disponível em: <http://www.cartaeducacao.com.br/entrevistas/a-doenca-do%E2%80%A8-seculo-xxi/>. Acesso em: 22 jan. 2020.

ROJAS-BERMUDEZ, J. G. **Introdução ao psicodrama.** Tradução de José Manoel D'Alessandro. São Paulo: Mestre Jou, 1977.

ROMAÑA, M. A. **Do psicodrama pedagógico à pedagogia do drama.** São Paulo: Papirus, 1999.

RUBINI, C. O conceito de papel no psicodrama. **Revista Brasileira de Psicodrama**, São Paulo, v. 3, fasc. 1, 1996.

SILVA JUNIOR, A. **Jogos para terapia, treinamento e educação.** Curitiba: Imprensa Universitária Católica do Paraná, 1982.

STANISLAVSKI, C. **A preparação do ator.** Rio de Janeiro: Civilização Brasileira, 1984.

STOLLER, R. **Masculinidade e feminilidade:** apresentações do gênero. Porto Alegre: Artes Médicas, 1993.

TENENTE, L.; FAJARDO, V. Brasil é #1 no *ranking* da violência contra professores: entenda os dados e o que se sabe sobre o tema. G1, 22 ago. 2017. Disponível em: <https://g1.globo.com/educacao/noticia/brasil-e-1-no-ranking-da-violencia-contra-professores-entenda-os-dados-e-o-que-se-sabe-sobre-o-tema.ghtml>. Acesso em: 22 jan. 2020.

WEIL, P.; TOMPAKOW, Roland. **O corpo fala:** a linguagem silenciosa da comunicação não verbal. 74. ed. Petrópolis: Vozes, 2015.

Bibliografia comentada

Apresentamos, a seguir, algumas sugestões de leitura fundamentais para aprofundar e ampliar seus conhecimentos sobre o psicodrama, bem como sua fundamentação teórica, técnica e prática.

MORENO, J. L. **Psicodrama**. São Paulo: Pensamento, 1975.
Essa obra é considerada um clássico e ponto de partida para compreender a teoria psicodramática de Moreno. Portanto, ao nosso ver, é uma leitura obrigatória para o aprofundamento de seus princípios, seu desenvolvimento e sua consolidação. A obra é a base da teoria e da prática do psicodrama.

MORENO, J. L. **Quem sobreviverá?** Fundamentos da sociomentria, psicoterapia de grupo e sociodrama. Goiânia: Dimensão, 1992.
Essa obra é um clássico e permite complementar seus estudos.

AGUIAR, M. **Teatro da anarquia**: um resgate do psicodrama. Campinas: Papirus, 1988.

DIAZ, V. R. C. da S. **Sonhos e psicodrama interno na análise psicodramática**. São Paulo: Ágora, 1996.

ROJAS-BERMUDEZ, J. G. **Introdução ao psicodrama**. Tradução de José Manoel D'Alessandro. São Paulo: Mestre Jou, 1977.
As obras indicadas são fundamentais para compreender as diferenças entre técnicas genuínas do psicodrama, como tomada de papel e inversão de papéis, duplo, solilóquio, interpolação de resistência, realidade suplementar e intervenção direta do diretor.

ALMEIDA, W. C. de. **O que é psicodrama**. São Paulo: Brasiliense, 1979.

MONTEIRO, R. **Técnicas fundamentais do psicodrama**. São Paulo: Brasiliense, 1993.

As duas obras indicadas possibilitam a compreensão das técnicas afins ou históricas do psicodrama, isto é, que não nasceram diretamente da teoria psicodramática, mas que, pelo uso, tornaram-se parte dela.

STANISLAVSKI, C. **A preparação do ator**. Rio de Janeiro: Civilização Brasileira, 1984.

Essa obra permite compreender e aprofundar o conceito e a importância do teatro na teoria psicodramática.

BRECHT, B. **Estudos sobre teatro**. Rio de Janeiro: Nova Fronteira, 1978.

A obra de Brecht trata do conceito do distanciamento, preconizado pelo autor, e apresenta para o teatro uma nova possibilidade estética que vai além da arte e passa para um instrumento de intervenção social e política, que visa à transformação social, por trazer uma visão de teatro engajado e libertário.

BOAL, A. **Teatro do oprimido e outras poéticas políticas**. Rio de Janeiro: Civilização Brasileira, 1998.

Boal inaugura uma nova forma de conceber, ver e trabalhar o teatro como um instrumento de transformação social. Leva o teatro para o mundo político e o elege como instrumento de comunicação e de educação para consolidar a tomada de consciência de forma artística e poética. A obra é considerada a precursora do psicodrama pedagógico e permite aprofundar os conhecimentos sobre a importância da dramatização nas práticas docentes, compreender os fundamentos e princípios do psicodrama pedagógico, sua viabilidade no campo educacional e suas experiências práticas no universo escolar.

KAUFMAN, A. **Teatro pedagógico**: bastidores da iniciação médica. São Paulo: Ágora, 1992.

ROMAÑA, M. A. **Do psicodrama pedagógico à pedagogia do drama**. São Paulo: Papirus, 1999.

As obras ora sugeridas tratam da utilização do teatro pedagógico como instrumento para o processo de ensino e aprendizagem e discutem como deve ser a criação de vínculos saudáveis na relação entre médico e paciente. Podem ser transpostas para qualquer outro vínculo profissional, entre elas a relação entre professor e aluno, também abordada na obra. A obra parte dos referenciais socionômicos da teoria moreniana, que podem favorecer as relações entre os estudantes e entre estes e os professores, possibilitando, assim, relações mais humanas e societárias entre os sujeitos envolvidos no processo de ensino e aprendizagem.

PAMPLONA, V. **Mulher, parto e psicodrama**. São Paulo: Ágora, 1990.

Essa obra apresenta as aplicações do psicodrama por meio de um método pioneiro criado pela autora com o objetivo de preparar as gestantes para um parto sem medo, dor e tabu, ou seja, um parto humanizado, utilizando as técnicas psicodramáticas que possibilitem maior consciência nos papéis desempenhados no momento do parto e que haja espontaneidade e criatividade que possam proporcionar mais qualidade de vida para a mãe e o bebê.

ALMEIDA, W. C. **Psicoterapia aberta**: formas do encontro. São Paulo: Ágora, 1988.

A obra de Almeida possibilita compreender a teoria e a prática psicodramática por meio de experiências de psicoterapeutas e psicodramatistas. Esses profissionais nos oferecem conhecimentos sobre as aplicações dessas técnicas com base na experiência que têm como profissionais do campo das ciências psíquicas e humanas.

Respostas

Capítulo 1
1) c
2) c
3) b
4) b
5) a

Capítulo 2
1) d
2) b
3) d
4) e
5) a

Capítulo 3
1) c
2) d
3) a
4) b
5) c

Capítulo 4
1) c
2) e
3) c
4) d
5) b

Capítulo 5
1) e
2) b
3) a
4) c
5) b

Capítulo 6
1) d
2) c
3) e
4) d
5) b

Sobre a autora

Sirley Machado Maciel é mestra em Tecnologia e Trabalho (2017) pela Universidade Tecnológica Federal do Paraná (UTFPR), autora da pesquisa *Distúrbio de voz relacionada ao trabalho* e bacharel em Artes Cênicas (1994) pela Pontifícia Católica do Paraná (PUCPR). Tem formação com psicodramatista pela Associação de Psicodrama do Paraná (Conttexto) e pela Federação Brasileira de Psicodrama (Febrap). É especialista em EaD pelo Centro Universitário Senac de São Paulo e em Psicoterapia Transgenerativa pela Faculdade de Tecnologia de Curitiba (Fatec) e professora de Oratória há 30 anos. Em 2018, recebeu o Prêmio Profissionais do Ano, pelo qual foi reconhecida como a maior autoridade em oratória do Estado do Paraná. É *master coach*, *coach* executiva, analista comportamental pessoal e profissional, hipnóloga terapêutica com PNL pelo Instituto Coaching de Curitiba. Também é sócia e proprietária do Instituto de Treinamento, Pesquisa e Desenvolvimento do Ser (Intrepeds) desde 2011. É autora de vários livros.

Impressão:
Abril/2020

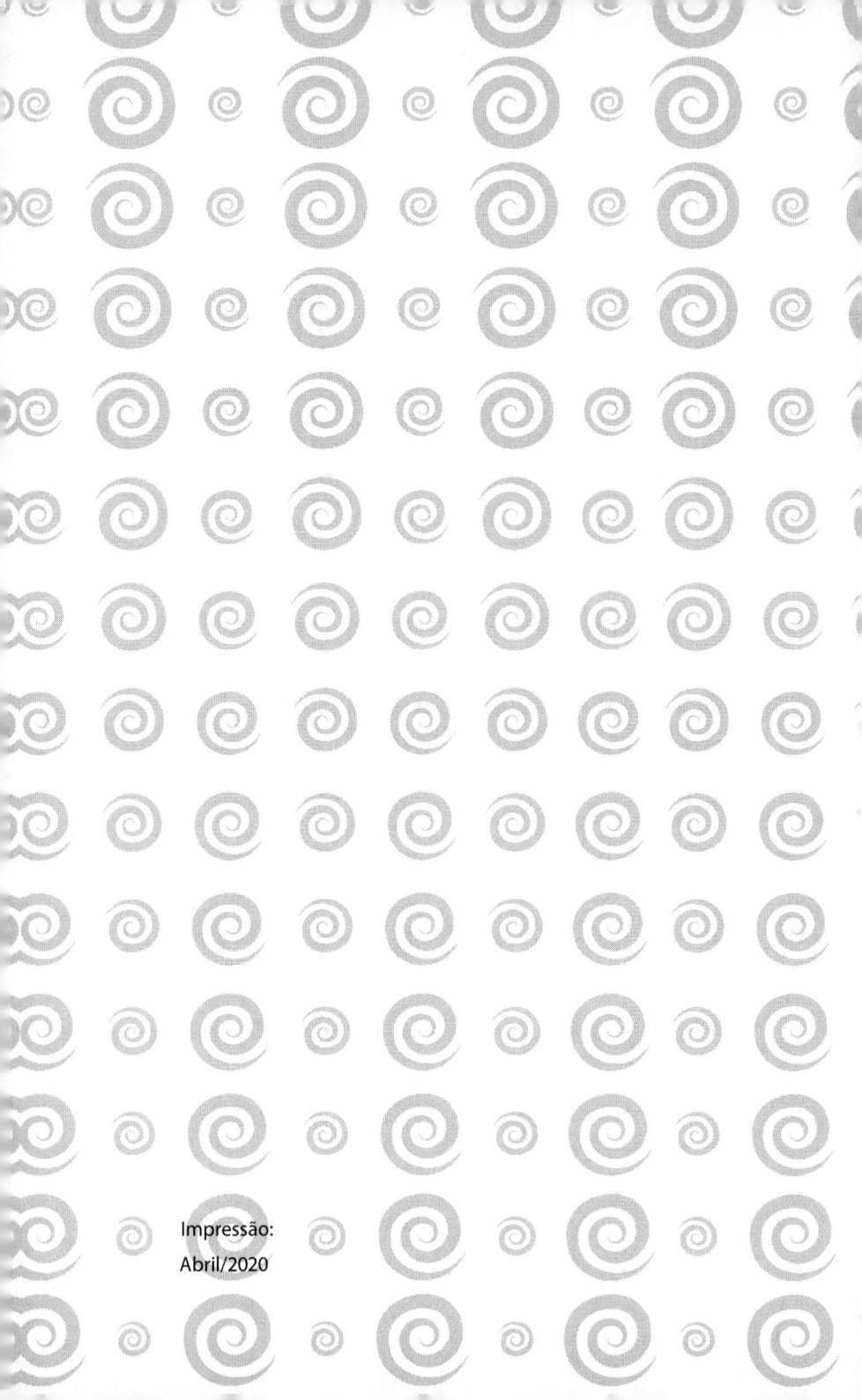